OGNI COSA AL SUO POSTO

Semplici strategie di decluttering e **riordino** per una vita serena e **organizzata**

Roberta Bianchi

INDICE

PREMESSA   6

PRIMA PARTE: IL PERCHÉ DEL DECLUTTERING

Anna. Una nuova consapevolezza.   7

Che cos'è il decluttering e perché è importante nelle
nostre vite   7

I benefici del decluttering   11

Il risparmio: un vantaggio del riordino e
dell'organizzazione   15

Alla ricerca dell'ordine: una storia antica   18

Il concetto di Ordine nel Mondo Moderno   21

Le parole sono importanti: il termine decluttering
nelle diverse lingue   23

Anna. Una nuova fascinazione.   25

SECONDA PARTE: ATTUARE IL DECLUTTERING

Prima di Iniziare   27

Da dove cominciare? Regole generali   30

Stanze o categorie? Come procedere   33

L'organizzazione stanza per stanza   37

La selezione degli oggetti   39

E adesso dove e come lo metto?   46

Tattiche da non seguire nel decluttering   50

L'estetica del visibile e dell'invisibile   52

Eliminare e organizzare: abbigliamento, scarpe e
accessori   53

Eliminare e organizzare: utensili da cucina   61

Eliminare e organizzare: altre categorie semplici   63

Eliminare e organizzare: hobby e varie   70

Eliminare e organizzare: complementi di arredo   71

Eliminare e organizzare: libri e riviste   72

Eliminare e organizzare: oggetti personali e ricordi di famiglia   76

Anna. Azione e connessione con i propri oggetti.   78

TERZA PARTE: FINALIZZARE IL DECLUTTERING

Ogni stanza è diversa   82

Decluttering nella stanza dei bambini: creare uno spazio di gioco ordinato e stimolante   87

Organizzare il giardino: armonia naturale e spazi funzionali   91

Cantine, garage, soffitte: armi a doppio taglio   95

Una riorganizzazione diversa per tipologia di abitazione   97

QUARTA PARTE: CONCETTI. TATTICHE E CONSIGLI

Svuotare e apprezzare lo spazio: una tattica di consapevolezza   102

Dove il decluttering incontra l'interior design   103

La particolarità degli ambienti: dare valore agli oggetti che riempiono i nostri spazi   105

Il decluttering per la sostenibilità ambientale   107

Decluttering digitale: organizzare il mondo digitale   108

Affrontare le resistenze al decluttering all'interno della famiglia   111

L'effetto a catena del decluttering: l'ispirazione per gli altri   115

Decluttering e bambini: piccoli agenti del disordine   116

Mantenere i risultati del decluttering nel lungo
termine   120

Non tutto il male viene per nuocere: l'utilità del
disordine   122

Anna. La casa a misura di Anna.   124

QUINTA PARTE: GLI EFFETTI DEL DECLUTTERING A LUNGO
TERMINE

Il decluttering come strategia concreta per cambiare
vita   126

Occasioni speciali   128

Storie di successo nel decluttering: trasformazioni
ispiranti   131

Anna. Un nuovo focus.   135

Conclusione   137

PREMESSA

Sei pronto a cambiare completamente la tua casa e la tua vita in meglio?

In questo mio libro ti porterò in un viaggio attraverso il decluttering verso una vita più serena e organizzata. Lo farò attingendo alla letteratura sulla riorganizzazione, raccontandoti della mia esperienza personale come donna che lavora e mamma di due bambine piccole, e aggiungendo la prospettiva di storie di trasformazione verosimili. Questa combinazione offre una prospettiva autentica e concreta: è la mia teoria sul mondo del riordino arricchita da narrazioni di esperienze reali e verosimili.

Vedrai: il decluttering è un viaggio fantastico che non ti deluderà.

PRIMA PARTE: IL PERCHÉ DEL DECLUTTERING

ANNA. UNA NUOVA CONSAPEVOLEZZA.

Il sole filtrava attraverso la finestra, illuminando la stanza. La polvere danzava nell'aria, svelando anni di oggetti accumulati. Anna si sedette sul divano, fissando con occhi pensierosi la montagna di vecchi vestiti che aveva appena tirato fuori dall'armadio. Sentiva il bisogno di fare ordine nella sua vita, di liberarsi dell'eccesso di cose che sembravano aver preso il sopravvento. Era arrivato il momento di intraprendere un viaggio di decluttering.

Il decluttering, un termine di origine inglese che significa "liberarsi dal superfluo", è un processo che porta benefici straordinari nella vita di coloro che lo intraprendono. Non si tratta solo di liberarsi dello spazio fisico occupato dagli oggetti, ma anche di liberare la mente da un carico eccessivo.

Anna aveva letto molti libri e articoli sul decluttering, ma non aveva mai davvero capito appieno i suoi benefici. Era consapevole che ci fosse qualcosa di più profondo dietro a quel caos fisico che aveva accumulato nel corso degli anni. Era arrivato il momento di affrontare la sfida, di liberarsi dal passato e di creare uno spazio in cui poter respirare.

CHE COS'È IL DECLUTTERING E PERCHÉ È IMPORTANTE NELLE NOSTRE VITE

Al di là della traduzione letterale in "eliminazione del superfluo", il termine "decluttering" può essere tradotto in italiano come "eliminazione del disordine" o "riordino". Indica l'azione di liberare uno spazio o una zona da oggetti in eccesso, disordinati o non più necessari, al fine di creare un ambiente più organizzato, pulito e funzionale.

Il decluttering non riguarda quindi la sola eliminazione di qualcosa, ma anche la creazione di un senso di ordine, equilibrio e armonia nella nostra vita. Il decluttering è quindi molto più di un atto fisico: è un processo trasformativo che ci permette di creare spazi e stili di vita più significativi, organizzati e armoniosi.

Va, come abbiamo capito, ben al di là dello spazio fisico: il decluttering è il processo di eliminazione del disordine e dell'eccesso non solo nella nostra casa, ma anche nella nostra mente e nella nostra vita. Coinvolge l'analisi critica degli oggetti, delle abitudini e dei pensieri, al fine di creare uno spazio più funzionale, sereno e riflessivo. È un'opportunità per fare una selezione consapevole di ciò che ci circonda, liberarci di ciò che non serve più e lasciare spazio per ciò che è veramente significativo, aprendoci a nuove possibilità e prospettive.

Sebbene in questo libro io mi focalizzi quasi esclusivamente sul decluttering tangibile ovvero quello riferito agli oggetti, non faticherai a capire che liberare lo spazio fisico e visivo ti aiuterà istantaneamente a trovare un immediato senso di benessere mentale ed emotivo, e – nella maggior parte dei casi – ti farà desiderare di applicare la stessa strategia di liberazione anche alla tua mente e alle tue emozioni.

Ma andiamo per gradi.

Per comprendere il decluttering, bisogna innanzitutto capire cosa sia il "clutter", quel sostantivo del quale con il de-cluttering ci dobbiamo liberare.

"Clutter" è un termine che indica l'accumulo disorganizzato di oggetti o informazioni che riempiono gli spazi della nostra casa o della nostra vita. Ce ne sono di diversi tipi.

Clutter fisico: è il tipo di disordine più comune e visibilmente evidente che associamo al termine "clutter". Si riferisce all'accumulo di oggetti tangibili, come vestiti, documenti, oggetti d'arredo, giocattoli, elettrodomestici, libri e altri oggetti non utilizzati che riempiono gli spazi della casa. Il clutter fisico può causare una sensazione di soffocamento, ostacolare la funzionalità degli ambienti e creare un senso di disordine visivo.

Clutter digitale: si riferisce all'accumulo disorganizzato di file, e-mail, foto, video e altri dati digitali sui nostri dispositivi elettronici, come computer, smartphone o tablet. Il clutter digitale può rendere difficile trovare le informazioni di cui abbiamo bisogno, lavorare, può rallentare le prestazioni dei nostri dispositivi e creare un senso di sovraccarico quotidiano.

Clutter mentale: riguarda l'accumulo di pensieri, preoccupazioni, liste interminabili di cose da fare e informazioni che ci occupano la mente. Il clutter mentale può causare una sensazione di affaticamento cognitivo, rendendo difficile concentrarsi, prendere decisioni e mantenere la chiarezza mentale.

Clutter emotivo: riguarda l'accumulo di emozioni negative non risolte, come rancore, rabbia, paura o tristezza. Queste emozioni possono occupare spazio nella nostra mente e nel nostro cuore, creando un senso di appesantimento emotivo e ostacolando il nostro benessere complessivo. Il clutter emotivo può manifestarsi anche attraverso relazioni tossiche o situazioni non salutari che richiedono una revisione e un'eliminazione per promuovere la nostra crescita personale e il nostro equilibrio emotivo.

Riconoscere che il clutter non si limita solo all'accumulo di oggetti fisici e coinvolge anche l'aspetto digitale, mentale ed emotivo delle nostre vite, è molto importante. In questo viaggio ti renderai ben presto conto del fatto che questi eccessi di cumulo, nelle varie forme, sono collegati. Imparando a gestire quello fisico, oggetto di questo libro, sarà per te più facile affrontare anche gli altri tipi di clutter.

Quando entro nel mio studio di casa o mi siedo sul tavolo della sala o della cucina, non riesco a lavorare se il tavolo non è sgombro o quantomeno abbastanza libero dagli oggetti, anche se mi devo concentrare esclusivamente sul mio PC e lo spazio effettivamente necessario è quello del mio mousepad. Se la superficie di lavoro è troppo occupata o ingombra di oggetti come chiavi, fazzoletti, cavi non necessari, vengo raggiunta da un senso di leggero fastidio che si riflette subito nella mia concentrazione, come farebbe un suono molesto o una luce negli occhi. Liberare lo spazio a mia disposizione mi permette letteralmente di respirare meglio e di avviare il mio lavoro con la giusta tranquillità. Questo è il tipico esempio di come il clutter fisico si traduca istantaneamente in cluttering mentale.

Prima di iniziare il tuo percorso di decluttering, ti consiglio di prenderti il tempo necessario per identificare i diversi tipi di clutter presenti nella tua vita e nella tua casa. Questa consapevolezza ti aiuterà a sviluppare una strategia efficace per affrontare il decluttering in modo completo, migliorando sia l'aspetto fisico che quello emotivo del tuo ambiente.

I BENEFICI DEL DECLUTTERING

Ci sono molte ragioni per cui il decluttering è importante nelle nostre vite. Ecco per me le più importanti:

Spazio, ordine e benessere: il decluttering ci aiuta a creare spazi più ordinati e organizzati. Quando eliminiamo gli oggetti superflui, liberiamo spazio fisico e mentale. Questo ci permette di trovare ciò che cerchiamo più facilmente, di muoverci senza ostacoli e di godere di un ambiente sereno e accogliente. Ne deriva una sensazione di piacere e benessere fisico ed emotivo.

Chiarezza, focus e decisioni più semplici: quando eliminiamo il disordine, otteniamo una maggiore chiarezza mentale. Liberandoci di oggetti inutili o non significativi, possiamo concentrarci su ciò che è veramente importante per noi. La nostra mente diventa più focalizzata, creativa ed efficiente. Riducendo il numero di oggetti e informazioni con cui dobbiamo confrontarci quotidianamente, possiamo prendere decisioni più rapide ed efficaci.

Maggiore produttività: è la diretta conseguenza del punto precedente. Un ambiente organizzato favorisce la produttività e l'efficienza. Quando tutto ha un posto specifico e siamo in grado di trovare ciò che ci serve senza perdere tempo, siamo più produttivi e in grado di affrontare le sfide con maggiore facilità.

Riduzione dello stress: il disordine può generare stress e ansia. Il decluttering ci permette di liberarci da questa tensione. Creando spazi ordinati, riduciamo il sovraccarico sensoriale e promuoviamo la calma e la serenità nella nostra vita quotidiana.

Equilibrio e autostima: liberarsi del disordine e degli oggetti non necessari ci dà una sensazione di conquista e di controllo sulla nostra vita, che può favorire un senso di equilibrio e serenità interiore. Ci sentiamo più leggeri, più fiduciosi e in grado di prendere decisioni consapevoli. Liberarsi degli oggetti che non ci servono o che ci causano stress emotivo può alleviare sentimenti di attaccamento e liberarci da pesi.

Tempo ed energie libere: un ambiente libero dal superfluo richiede meno tempo e sforzo per la pulizia e la manutenzione quotidiana. Ciò ci consente di risparmiare tempo prezioso che possiamo dedicare ad attività che ci appassionano e ci soddisfano. Inoltre, il decluttering ci libera da legami materiali e ci permette di concentrarci sulle esperienze e le relazioni che nutrono la nostra anima.

Miglioramento delle relazioni: quando abbiamo uno spazio pulito e organizzato, ci sentiamo più a nostro agio ad accogliere ospiti e a condividere momenti con le persone che amiamo. Il decluttering promuove relazioni più armoniose e piacevoli, creando spazi accoglienti e invitanti.

Crescita personale e cambiamento: il decluttering è un processo che ci sfida a riconsiderare il nostro rapporto con gli oggetti e ad abbracciare un atteggiamento di distacco. Ci incoraggia a superare le abitudini di accumulo e a prendere decisioni consapevoli sulle cose che ci circondano. Questo processo di riflessione e cambiamento può avere un impatto profondo sulla nostra crescita personale, aiutandoci a sviluppare una mentalità minimalista e a concentrarci sulle esperienze che arricchiscono la nostra vita.

Maggiore gratitudine: il decluttering ci invita ad apprezzare ciò che abbiamo. Quando eliminiamo ciò che non ci serve, ci rendiamo conto di quanto siamo fortunati ad avere ciò che conta veramente nella nostra vita. Ci concentriamo sulla qualità invece che sulla quantità e impariamo a essere grati per le cose che ci portano gioia. Vedere solo ciò che ci fa stare bene ci aiuta a coltivare un atteggiamento di gratitudine e di apprezzamento per ciò che abbiamo.

Apertura a nuove opportunità: liberarsi del passato, delle vecchie abitudini e degli oggetti inutilizzati crea uno spazio vuoto, pronto ad accogliere nuove esperienze e nuove possibilità. Marie Kondo dice che il punto di partenza della trasformazione del riordino sia immaginarsi la propria vita come la si desidera. Per me questa è senza dubbio una via, ma non è l'unica via, né quella principale. Per me è più importante il viceversa: liberarsi del superfluo e di ciò che non ci rende felici è il modo per fare chiarezza e ordine dentro di noi, così da mettere a fuoco ciò che desideriamo.

Rispetto per l'ambiente: il decluttering ci porta a considerare più attentamente il nostro impatto sull'ambiente. Quando eliminiamo gli oggetti non necessari, riduciamo il consumo eccessivo e lo spreco delle risorse. Questo contribuisce a preservare l'ambiente e a promuovere uno stile di vita più sostenibile.

La ricerca sostiene i benefici dell'ordine a vari livelli.

Uno studio condotto dalla University of California di Los Angeles (UCLA) ha dimostrato che le persone che vivono in case disordinate mostrano livelli più elevati di cortisolo, l'ormone dello stress, rispetto a quelle che vivono in ambienti ordinati. Il disordine, sempre secondo questo studio, confonde il giudizio, interrompe la concentrazione e intacca umore e autostima del soggetto. Le donne sembrano subire di più i danni dal disordine, e quindi, lo stress ad esso dovuto. La causa è proprio il carico eccessivo di informazioni: più oggetti si posseggono, più sono le cose a cui pensare. Se si hanno più cose in ordine, il cervello è meno carico di pensieri, si rilassa e riesce a concentrarsi di più e meglio.

È noto che vivere in un ambiente condiviso, come una casa o un ufficio, richiede una certa dose di collaborazione e compromesso. Il decluttering può aiutare a creare spazi comuni più ordinati e funzionali, che soddisfano le esigenze di tutti i coinquilini o colleghi. Riducendo il disordine e organizzando gli oggetti in modo efficiente, si favorisce la convivenza armoniosa e si riducono i conflitti legati al disordine. Il decluttering offre anche un'opportunità per comunicare e condividere le nostre intenzioni e preferenze con le persone con cui viviamo o lavoriamo. Durante il processo, possiamo coinvolgere gli altri, conquistare il loro supporto e creare un senso di coinvolgimento collettivo nell'organizzazione dello spazio. Ciò facilita la comunicazione aperta e la negoziazione di accordi condivisi, favorendo relazioni più solide e trasparenti, nella convivenza e sul lavoro.

È anche evidente che il decluttering ci permette di condividere con gli altri ciò che non utilizziamo più. Possiamo donare oggetti in buone condizioni a organizzazioni di beneficenza o offrirli ad amici e parenti che ne possono trarre beneficio. Questo atto di generosità rafforza i legami con gli altri e ci permette di coltivare uno spirito di condivisione.

Infine, un ambiente pulito e ordinato offre un contesto più favorevole per la creazione di momenti di connessione con le persone che amiamo. Uno spazio accogliente e senza distrazioni ci permette di concentrarci sulla compagnia degli altri, facilitando le conversazioni profonde e significative.

Hai capito: il decluttering non è solo una questione di eliminazione del disordine, ma anche di riflessione profonda sulle nostre abitudini, sui nostri valori e sulle nostre priorità. Ci invita a interrogarci su ciò che davvero conta per noi e su come vogliamo vivere la nostra vita. Attraverso il decluttering, possiamo creare uno spazio che rispecchia la nostra identità, che favorisce la nostra crescita personale e che ci permette di vivere una vita più autentica e significativa.

Non hai idea di cosa può avvenire quando affronti il riordino in maniera strutturata, o anche destrutturata. Ma mettendo mano a cose che magari erano cristallizzate nella loro posizione da tempo scoprirai cose magnifiche, da apprezzare. Ritroverai oggetti che credevi perduti. Non c'è gioia pari a ritrovare cose che si credevano sparite per sempre, erroneamente gettate e invece sono sempre state al sicuro, sepolte sotto accumuli di altri oggetti.

Personalmente non ho parole per descrivere quanti benefici l'impiego di questo metodo abbia portato nella mia organizzazione della casa e, di conseguenza, della mia mente. Mi dannavo perché in camera da letto non avevo il giusto spazio per muovermi a causa di due grosse cassettiere che reputavo indispensabili per contenere i miei vestiti, che sono riuscita a eliminare e vendere. Ho radunato e riorganizzato completamente ricordi personali che accumulavo da anni in luoghi diversi della casa, eliminando dalla mia mente enorme confusione e gettando cose che ormai non significavano più nulla o creavano un peso inutile sul mio cuore. Ho completamente trasformato il mio soggiorno in una palette perfetta di colori e oggetti gioiosi. Ed è stato solo l'inizio.

Capirai presto che la riorganizzazione può essere paragonabile alla meditazione. Non a caso utilizzo in questo libro la parola "pratica" per indicare le operazioni di decluttering. Per me è chiaramente un antidoto allo stress e all'ansia. Mi dà un senso di controllo come poche altre cose e riduce fortemente il mio stato di agitazione. Quando mio marito è molto arrabbiato, l'unica cosa che lo calma è pulire; l'unica cosa che calma me è riorganizzare e buttare via.

IL RISPARMIO: UN VANTAGGIO DEL RIORDINO E DELL'ORGANIZZAZIONE

Uno degli importanti vantaggi del riordino e dell'organizzazione, che merita un capitolo a parte, è il risparmio che ne deriva. Quando abbiamo una casa e una vita ben organizzate, siamo in grado di evitare sprechi di tempo, denaro ed energia.

Innanzitutto, quando tutto è organizzato e facilmente accessibile, risparmiamo tempo prezioso nella ricerca degli oggetti. Non dobbiamo più trascorrere ore alla ricerca delle chiavi, degli occhiali da sole o di un documento importante, magari risalente molto all'indietro nel tempo. Tutto ha un posto specifico e sappiamo esattamente dove trovarlo. Questo ci permette di essere più efficienti e di dedicare il nostro tempo ad attività più significative e piacevoli.

L'organizzazione ci aiuta anche a evitare spese inutili. Quando abbiamo una chiara visione di ciò che possediamo e sappiamo di cosa abbiamo bisogno, evitiamo gli acquisti impulsivi e riduciamo gli sprechi. Non dobbiamo più acquistare oggetti duplicati perché non riusciamo a trovarli o perché li abbiamo dimenticati nel disordine. Inoltre, essere consapevoli di ciò che abbiamo ci permette di fare scelte più oculate e di investire il nostro denaro in modo più ponderato. A me è capitato più volte, prima di abbracciare appieno il decluttering, di acquistare abiti identici ad altri che già possedevo solo perché non li avevo visti nell'armadio o nel cassetto.

Un altro vantaggio del riordino è la riduzione dei costi ripetuti. Ad esempio, se abbiamo conservato in maniera ordinata tutti i documenti e le ricevute relative a multe o bollette, evitiamo di pagare due volte debiti che sono stati già saldati. A me è capitato più volte di pagare due volte multe perché semplicemente non avevo conservato o avevo conservato nel posto sbagliato la relativa prova di pagamento. Più inaspettato ciò che mi è successo, che non è certo sistematico ma si è tradotto in un significativo risparmio. Ho ritrovato un auricolare molto costoso che era andato smarrito: mia figlia l'aveva messo nel luogo più impensabile. Solo provvedendo a un riordino profondo ho potuto ritrovarlo ed evitare una spesa elevata per riacquistarlo.

L'organizzazione ci permette di risparmiare molto anche a livello di energia mentale, liberando la nostra mente da preoccupazioni e stress legati al disordine. Quando abbiamo uno spazio ordinato e organizzato, la nostra mente ha la sensazione di aver provveduto a creare le condizioni per una buona performance lavorativa e può concentrarsi sul lavoro. Se il lavoro è finito, la mente sa di potersi dedicare ad altre attività più importanti o piacevoli. Non dobbiamo più affrontare la frustrazione di cercare oggetti smarriti o di dover affrontare situazioni di emergenza causate dal disordine. Ci sentiamo più tranquilli e in grado di gestire le sfide quotidiane con maggiore serenità.

Non dimenticare che ogni metro quadro e cubo che occupi inutilmente nella tua casa è un metro che hai pagato a caro prezzo. Liberarlo significa risparmiare centinaia e migliaia di euro, se parametrato al prezzo della tua casa.

L'organizzazione non solo ci permette di risparmiare nel presente, ma ha anche un impatto positivo a lungo termine. Quando manteniamo uno stile di vita organizzato, siamo più consapevoli dei nostri bisogni e delle nostre priorità. Questo ci aiuta a prendere decisioni più informate riguardo agli acquisti, alle spese e agli impegni. Possiamo pianificare in anticipo e stabilire obiettivi finanziari realistici, il che porta a un risparmio significativo nel lungo periodo.

Il riordino non è solo una questione di estetica e ordine, ma ha anche un impatto diretto sul nostro benessere finanziario. Quando siamo organizzati, siamo in grado di prendere decisioni più consapevoli e di gestire le nostre risorse in modo più efficiente. Risparmiamo tempo, denaro ed energia, consentendoci di godere di una vita più equilibrata e soddisfacente.

È lo stesso principio per il quale, vivendo una vita meno impegnata, troviamo il tempo di dedicarci al risparmio, ad esempio valutando il cambio di gestore telefonico o di fornitore dell'elettricità, cosa che - se le nostre vite sono piene di troppi impegni - non riusciamo a fare: ci danniamo per lavorare e guadagnare quando invece - rallentando - otterremmo considerevoli risparmi.

Quindi, la prossima volta che ti trovi a mettere in ordine la tua casa, ricorda che stai facendo più che semplicemente sistemare le cose al loro posto. Stai creando le condizioni per un risparmio tangibile e duraturo nella tua vita quotidiana. Il tuo tempo, il tuo denaro e la tua energia saranno ottimizzati, consentendoti di vivere una vita più equilibrata e felice.

Sia che tu stia cercando di ridurre le spese superflue, di ottimizzare il tuo tempo o di semplificare la tua vita, il decluttering e l'organizzazione sono strumenti potenti che ti consentono di raggiungere questi obiettivi. Sii consapevole del potere del riordino e sfrutta i vantaggi che offre. Sarai ricompensato con un maggiore senso di pace, controllo e risparmio in ogni aspetto della tua vita.

ALLA RICERCA DELL'ORDINE: UNA STORIA ANTICA

Nel nostro viaggio attraverso il decluttering, partiamo da una preziosa fonte di ispirazione: le filosofie e le pratiche di decluttering provenienti dalle culture antiche. Queste tradizioni millenarie ci offrono saggezza e approcci unici per eliminare il peso degli oggetti inutili e affrontare l'organizzazione delle nostre vite moderne, con l'attenzione doverosa al tema della sostenibilità, ormai imprescindibile.

Le filosofie antiche e moderne hanno spesso sottolineato l'importanza dell'ordine e del riordinare come elementi fondamentali per una vita equilibrata e armoniosa.

Nell'antichità, ad esempio, i filosofi greci come Platone e Aristotele attribuivano grande importanza all'ordine e all'armonia nella vita. Consideravano l'ordine esterno come riflesso dell'ordine interiore e sostenevano che un ambiente ordinato favorisse la chiarezza mentale e la virtù.

Nella storia antica non mancano documenti che parlano dell'importanza del buon ordine della casa. Fin dai tempi più antichi, le civiltà hanno compreso che l'ordine esterno ha un impatto significativo sulla nostra vita quotidiana e sul benessere generale. In Grecia, ad esempio, la filosofia stoica enfatizzava l'importanza dell'ordine e dell'armonia come via per raggiungere la serenità interiore. I filosofi stoici credevano che un ambiente caotico e disordinato potesse disturbare la mente e impedire la ricerca della saggezza.

Nell'antica Roma, la casa era considerata il santuario della famiglia e il luogo in cui l'ordine doveva essere mantenuto. I romani erano famosi per la loro dedizione all'organizzazione e alla pulizia. Documenti come il trattato di Marco Porcio Catone, "De Agricoltura", che trattava anche dell'organizzazione domestica, offrivano consigli sulla gestione della casa e sul buon ordine. Gli antichi romani comprendevano che un ambiente ordinato promuoveva la pace mentale e la prosperità.

In Cina, l'antica filosofia del Feng Shui si basava sull'armonia tra l'uomo e l'ambiente circostante. Secondo i principi del Feng Shui, l'energia vitale, chiamata "qi", fluiva liberamente in un ambiente pulito e ordinato, mentre si bloccava in un ambiente caotico e disordinato. Quindi, gli antichi cinesi prestavano molta attenzione all'organizzazione della casa per garantire un flusso armonioso di energia e un benessere generale.

Nella tradizione filosofica orientale, come quella del buddhismo e del confucianesimo, l'ordine e la pulizia sono considerati parte integrante del percorso spirituale. Riconoscono che un ambiente disordinato può generare confusione mentale e distrazioni, mentre un ambiente ordinato favorisce la calma interiore e la concentrazione.

Un concetto importante è tratto dalla filosofia giapponese del "mottainai". Il concetto di "mottainai" proviene dalla tradizione giapponese e si riferisce a un profondo rispetto per le risorse e a un sentimento di colpa e rammarico per aver sprecato qualcosa. Ma c'è di più ed è quello che interessa a noi: si tratta soprattutto di non aver permesso a qualcosa di raggiungere il suo massimo potenziale. Questo principio è fondamentale nel processo di decluttering: se un oggetto non ci serve più, è giusto disfarsene, diversamente il mottainai ci incoraggia a considerare le potenzialità nascoste di ogni oggetto e a non gettarlo via in modo impulsivo.

Attraverso il metodo del mottainai, possiamo abbracciare una mentalità di consapevolezza e rispetto per le cose che possediamo. Ci spingiamo a considerare le possibilità di ogni oggetto e a prendere decisioni ponderate sul loro destino. Inoltre, questo approccio ci invita a riflettere sul nostro consumo e a evitare l'accumulo di oggetti inutili.

Due approcci distinti provengono dalle tradizioni indiane e buddiste, che ci offrono saggezza millenaria per affrontare il decluttering.

Il Concetto di "Vairagya" nella filosofia induista si riferisce all'atteggiamento di non attaccamento alle cose materiali. Questo principio ci invita a riconoscere che il possesso di oggetti non può portare una vera felicità duratura. Attraverso la pratica di Vairagya, possiamo adottare una prospettiva distaccata nei confronti delle nostre cose materiali, valutando con saggezza ciò che è veramente essenziale per il nostro benessere e liberandoci degli oggetti superflui.

Nel buddismo, il concetto di "Non-Aggrapparsi" si riferisce alla consapevolezza di non aggrapparsi alle cose materiali o alle identità illusorie. Questo insegnamento ci invita a liberarci dai nostri attaccamenti e desideri insaziabili per raggiungere una maggiore pace interiore. Applicando il concetto di Non-Aggrapparsi al decluttering, possiamo imparare a lasciar andare ciò che non serve più nella nostra vita e creare spazio per l'essenziale.

Attraverso queste antiche culture, possiamo intravedere la consapevolezza dei benefici dell'ordine nella vita quotidiana. L'organizzazione e il buon ordine non erano solo una questione estetica, ma avevano un impatto diretto sulla mente, sul corpo e sullo spirito.

IL CONCETTO DI ORDINE NEL MONDO MODERNO

Oggi, il concetto di decluttering e organizzazione continua ad avere una risonanza profonda. La società contemporanea, caratterizzata da un ritmo frenetico e un'accumulazione spesso eccessiva di oggetti, rende ancora più importante riscoprire l'arte dell'ordine. Le lezioni delle civiltà antiche ci ricordano che liberarsi del superfluo e creare un ambiente ordinato può portare armonia, serenità e benessere nella nostra vita.

Anche molte filosofie moderne, branche della psicologia e approcci al benessere, sottolineano l'importanza dell'ordine. La branca della psicologia che si occupa dello studio dell'influenza dell'ambiente fisico sul nostro stato d'animo è chiamata psicologia dell'ambiente. Questa disciplina esplora come l'ambiente fisico, che include gli spazi in cui viviamo, lavoriamo e trascorriamo il tempo, può influenzare i nostri pensieri, emozioni e comportamenti. La psicologia dell'ambiente si concentra sulla relazione tra l'individuo e il suo ambiente circostante, esaminando come vari fattori ambientali, come la luce, i colori, la disposizione degli oggetti e la pulizia, possono influire sul benessere mentale, l'umore e la produttività. Studi in questo campo hanno dimostrato che un ambiente fisico ordinato, pulito e piacevole può promuovere una maggiore calma, concentrazione e benessere emotivo.

Nel nostro viaggio alla scoperta del decluttering è importante anche considerare i contributi dei famosi autori contemporanei che hanno dedicato il loro tempo a esplorare il tema dell'organizzazione degli oggetti. Attraverso le loro parole e le loro esperienze, abbiamo scoperto prospettive e approcci specifici che ci aiutano a navigare nel caos delle nostre vite affollate.

Una delle più note autrici moderne sul decluttering è Marie Kondo, la nota consulente giapponese di organizzazione e autrice di "Il magico potere del riordino". Con il suo approccio unico, Marie Kondo ha ispirato milioni di persone in tutto il mondo a liberarsi del disordine e a creare spazi che rispecchiano la loro essenza. Il suo metodo si basa sull'idea di tenere solo gli oggetti che ci provocano gioia e di trattare ogni oggetto con rispetto. Marie Kondo ha dimostrato che il decluttering può essere un processo emotivo e trasformativo, portando ordine non solo alle nostre case, ma anche alle nostre vite.

Un altro autore di grande rilievo nel campo del decluttering è Joshua Becker, autore di "The More of Less: Finding the Life You Want Under Everything You Own". Joshua Becker ha sperimentato personalmente i benefici di vivere con meno e ha condiviso la sua esperienza nel suo libro. Il suo messaggio si concentra sulla libertà che si ottiene liberandosi dall'accumulo di oggetti e sulla scoperta di ciò che è veramente importante nella vita. Attraverso storie toccanti e consigli pratici, Becker ci incoraggia a considerare una vita più semplice, più intenzionale e più significativa attraverso il decluttering.

Un'altra voce autorevole nel campo del decluttering è Gretchen Rubin, autrice di "Outer Order, Inner Calm: Declutter and Organize to Make More Room for Happiness". Rubin esplora il legame tra ordine esterno e pace interiore, dimostrando come l'organizzazione degli spazi fisici può influire positivamente sul nostro benessere emotivo. Attraverso suggerimenti pratici e strategie di decluttering personalizzate, Rubin ci invita a esplorare le nostre preferenze individuali e ad adottare un approccio personalizzato al decluttering.

Questi sono solo alcuni degli autori che hanno contribuito alla diffusione del movimento del decluttering nel mondo moderno. Ognuno di loro offre una prospettiva unica e consigli pratici per aiutarci a liberarci del disordine e a creare una vita più significativa.

LE PAROLE SONO IMPORTANTI: IL TERMINE DECLUTTERING NELLE DIVERSE LINGUE

Quando parliamo di decluttering, è interessante esplorare il significato di questa parola nelle diverse lingue. Le parole che utilizziamo per descriverne il concetto possono riflettere aspetti culturali e attitudinali diversi legati all'organizzazione e all'ordine.

In italiano, utilizziamo il termine "riordinare" per descrivere l'atto di portare di nuovo ordine e organizzazione ad un ambiente. Questo termine sottolinea l'importanza di sistemare e organizzare gli oggetti in modo che siano disposti in modo ordinato e funzionale, così come dovrebbero essere in partenza. Un altro termine utilizzato in italiano è "rigovernare", che implica il prendere attivamente il controllo e la gestione degli oggetti e degli spazi.

Nella lingua inglese, il termine principale utilizzato è "decluttering", che deriva dalla combinazione delle parole "de" (rimozione) e "clutter" (disordine). Questo termine sottolinea l'azione di rimuovere il disordine e gli oggetti superflui per creare uno spazio più ordinato e funzionale. Il decluttering si concentra sull'eliminazione degli oggetti non necessari e sull'organizzazione degli oggetti rimanenti in modo che siano facilmente accessibili e ben posizionati.

In francese si utilizza il termine "désencombrer", che si traduce letteralmente come "liberare dal sovraccarico". Questo termine mette in luce l'idea di liberarsi degli oggetti che appesantiscono lo spazio e la mente.

In spagnolo, si utilizza il termine "despejar", che significa "liberare" o "svuotare". Questo termine implica il liberare lo spazio dagli oggetti superflui e creare l'importante spazio vuoto che permetterà al nostro corpo e alla nostra mente di lavorare meglio.

È interessante notare come il significato e le sfumature dei termini utilizzati per descrivere il decluttering varino da una lingua all'altra. Queste differenze riflettono le diverse prospettive culturali sull'organizzazione e sull'ordine.

Le parole che utilizziamo per descrivere il decluttering possono anche influenzare il nostro atteggiamento verso questa pratica. Utilizzare termini che sottolineano l'azione attiva di prendere il controllo e gestire gli oggetti può essere motivante e incoraggiante; diversamente, scegliere termini che sottolineano il gettare via invitano all'azione; privilegiare termini che mirano alla creazione del vuoto sono spunti per generare nuovo spazio creativo e di crescita per sé.

Ogni lingua ha le sue peculiarità e sfumature, ma alla fine ciò che importa è il risultato: un ambiente che ci fa sentire sereni, organizzati e in armonia con noi stessi.

Quindi, indipendentemente dalla parola utilizzata per descrivere il decluttering nella tua lingua o nella lingua che sceglierai, ricorda che l'importante è mettere in pratica i principi di eliminazione del disordine e organizzazione degli oggetti. Trova il termine che risuona meglio con te e che ti ispira a intraprendere il percorso di decluttering che desideri.

ANNA. UNA NUOVA FASCINAZIONE.

Anna immaginava di aprire le porte dell'armadio e trovare solo gli abiti che amava indossare, senza dover affrontare la frustrazione di cercare tra mille capi quello giusto. Anzi, desiderava che ogni armadio della casa le desse la stessa sensazione e funzionalità.

Sapeva che ogni oggetto che possedeva aveva un'energia associata ad esso, un peso che portava con sé. Viceversa, ogni volta che guardava un oggetto inutile, avvertiva una sensazione di soffocamento, come se quella cosa stesse richiedendo la sua attenzione e il suo spazio mentale quando lei non voleva.

Nonostante la sua casa non fosse piccola, Anna sognava di avere uno spazio dedicato e libero nel quale poter praticare yoga e di avere una scrivania alla quale disegnare, la sua passione.

Nelle sue letture sul decluttering, si era lasciata affascinare dalle antiche culture e dalla saggezza che avevano trasmesso attraverso i secoli. Se già gli antichi avevano dedicato attenzione al concetto dell'ordine e dell'armonia degli spazi, significava che era importante e avrebbe certamente portato benefici alla sua vita. Era pronta a trarre ispirazione dalle pratiche antiche e ad applicarle nel suo viaggio personale di creazione di un ambiente ordinato.

Così, mentre affrontava la sfida di liberarsi dei suoi oggetti accumulati, Anna si sentiva parte di una lunga tradizione di coloro che avevano cercato l'ordine e l'armonia nella storia e vi avevano costruito positivamente le loro vite.

Anna, tra le tante, si sentì profondamente ispirata dalla filosofia del mottainai in particolare. Abbracciò con consapevolezza l'atteggiamento di non spreco, prendendo il tempo necessario per riflettere su ogni oggetto che possedeva e che vedeva intorno a sé. Questo metodo le permise di individuare nuove prospettive e potenzialità nascoste negli oggetti dei quali aveva considerato di disfarsi: un vaso troppo stretto per le sue piante poteva diventare un nuovo portamatite, una tazza senza manico, viceversa, un piccolo vaso. Si sentì gratificata nel sapere che aveva davanti a sé possibilità rispettose nei confronti delle risorse e dell'ambiente.

Mentre Anna contemplava scatole ancora da svuotare da chissà quanto, pensò a un altro beneficio del decluttering: la libertà di scelta. Possedere meno oggetti significa avere meno cose da pulire, da gestire, meno cose di cui prendersi cura e meno decisioni da prendere.

Con un sospiro di determinazione, Anna si alzò dal divano e prese una scatola in mano. Era il momento di iniziare il suo viaggio di decluttering. Aveva compreso i benefici straordinari che avrebbe potuto ottenere: ordine, libertà mentale, scelta consapevole e nuove opportunità. Era pronta a liberarsi del passato per creare un futuro più luminoso.

E così, con ogni oggetto che avrebbe preso in mano, Anna avrebbe fatto un passo verso la sua libertà personale, verso una vita più autentica e significativa.

SECONDA PARTE: ATTUARE IL DECLUTTERING

PRIMA DI INIZIARE

Fatta la doverosa introduzione sul mondo del decluttering, possiamo ora affrontare la riorganizzazione della nostra casa, pronti a trasformarla in un luogo ancora più piacevole e di ispirazione per la nostra vita. È importante prepararsi adeguatamente prima di iniziare, esaminando alcuni aspetti fondamentali, da utilizzare come guida per iniziare con il piede giusto.

Definisci gli obiettivi specifici: prima di iniziare il decluttering, è importante focalizzare obiettivi specifici al di là dell'obiettivo generale di vivere una vita migliore. Chiediti cosa desideri ottenere da un determinato spazio. Vuoi liberare spazio fisico? Migliorare l'organizzazione? Ottenere una nuova postazione di lavoro? Identifica i tuoi obiettivi specifici e tienili presenti lungo il percorso, poiché ti forniranno una motivazione costante durante il processo di decluttering.

Prendi il tuo tempo: riorganizzare un'intera casa non è un'operazione che si conclude in pochi giorni; è impegnativa sia sul fronte fisico che su quello psicologico ed emotivo. Marie Kondo dice che – per portare i massimi benefici – la riorganizzazione della casa deve essere eseguita in circa sei mesi. Questo ti dà l'idea giusta per non avere fretta e non voler concludere approssimativamente l'operazione, vanificandola. Il decluttering richiede tempo e dedizione. Pianifica una finestra di tempo sufficiente per concentrarti sull'area selezionata senza interruzioni, magari nel fine settimana o la sera dopo il lavoro.

Se possibile, spegni il telefono o metti la modalità silenziosa per evitare distrazioni.

Annuncia il decluttering ai conviventi: il decluttering è un processo – come abbiamo visto – che porta enormi benefici ma è prima di tutto un processo personale. Se abitiamo da soli, va tutto bene, ma se condividiamo la nostra casa con altre persone, i problemi potrebbero insorgere: iniziando a eliminare gli oggetti, a riposizionarli nella casa, a modificare il layout di alcuni mobili, di fatto decideremo come si vive in quella casa e questo significa prenderne possesso, invadere lo spazio altrui o comunque modificare unilateralmente uno spazio comune. Per di più, abbracciare il decluttering significa spesso identificarsi con un nuovo modo di vivere e creare automatismi nuovi con i quali i familiari o i coinquilini si dovranno misurare. Insomma, hai capito: per prima cosa l'adozione della pratica del decluttering va annunciata e condivisa. Spiega come ti sei avvicinato al tema del decluttering, quali benefici ti aspetti di ottenere e comunica quando e come intendi metterlo in pratica. Quando passerai all'azione, per quanto riguarda i tuoi oggetti personali, puoi agire da solo, ma puoi senza dubbio coinvolgere le persone con le quali vivi per mostrare loro il funzionamento del decluttering e tutti i benefici che ne deriveranno, per coinvolgerli ancora di più. Io personalmente preferisco agire da sola sulle mie cose, ma ben volentieri aiuto gli altri che non credono di poter fare un buon lavoro autonomamente o che preferiscono fare questa operazione in compagnia. Per quanto riguarda gli oggetti condivisi, dovrai necessariamente operare insieme alle altre persone che li utilizzano. Mai e poi mai potrai operare su oggetti non tuoi.

Scegli con cura il punto di partenza e il giusto ordine: come vedremo successivamente, invece di cercare di riorganizzare l'intera casa in una volta sola, inizia concentrando la tua attenzione su una categoria specifica. Scegli qualcosa che senti sia un punto di partenza ragionevole e concentrati su di esso.

Una volta completata con successo, passerai alla categoria successiva.

Prepara i materiali necessari: assicurati di avere a portata di mano i materiali necessari per il decluttering. Questi possono includere forbici, scatole o sacchetti per separare gli oggetti da buttare per la raccolta differenziata, scatole per la separazione degli oggetti da tenere, etichette per indicare le categorie, pennarelli, ecc. Prima di acquistare nuove scatole e nuovi contenitori, in piena ottica di sostenibilità e mottainai, utilizza scatole che già possiedi e che non utilizzi. Solo successivamente considera l'acquisto di nuovi materiali. Infine, dovresti tenere a portata di mano alcuni strumenti per la pulizia, come panni, aspirapolvere o saponi.

Stabilisci un sistema di classificazione: prima di iniziare, definisci un sistema per separare gli oggetti che troverai durante il processo di decluttering. Ad esempio, puoi utilizzare le categorie "tenere", "donare", "vendere" e "buttare", così come "carta", "vetro", "plastica". Questo ti aiuterà a prendere decisioni più rapide ed efficienti sugli oggetti mentre li esaminerai. Queste ultime categorie cambieranno durante l'operazione di decluttering, ma partire con un'idea è sempre buono.

Prepara la mente e l'atteggiamento giusto: il decluttering può essere un processo emotivo, poiché sicuramente incontrerai oggetti legati a ricordi o sentimenti personali. Prepara la tua mente e l'atteggiamento giusto per affrontare queste sfide emotive. Ricorda che l'obiettivo del decluttering è creare uno spazio che ti faccia sentire sereno e libero, e che il legame con gli oggetti non è sempre necessario per mantenere i ricordi vivi.

Preparati per l'azione: una volta che hai definito i tuoi obiettivi, hai scelto una categoria, hai preparato i materiali e hai stabilito un sistema di classificazione, è il momento di passare all'azione.

Liberarsi degli oggetti che non usi più è una delle sensazioni più liberatorie che io conosca: ciò che non amiamo o non ci interessa sparisce e ciò che amiamo trova nuovo spazio per respirare e restituire gioia alla nostra vita.

Attento solo a non farti prendere la mano: se sarai travolto come lo sono stata io dalla gioia estrema di attuare il decluttering, scoprirai presto che si tratta quasi di una dipendenza e ti verrà voglia di buttare via molte cose, anche quelle che non dovresti perché ancora utili o – peggio - quelle che non sono tue. È un errore grave da non fare. Prima di gettare via un oggetto, valuta accuratamente la sua utilità, il suo valore e il suo significato. Ricorda che il decluttering non deve essere un processo impulsivo, ma piuttosto una scelta consapevole e ragionata. Trova un equilibrio tra il liberarti delle cose superflue e mantenere ciò che è veramente significativo per te. In questo modo, potrai godere dei benefici del decluttering senza cadere nell'eccesso o nel rimpianto.

DA DOVE COMINCIARE? REGOLE GENERALI

Come abbiamo detto, affrontare la casa nella sua interezza può sembrare un compito enorme e scoraggiante. Ti voglio esporre la metodologia che secondo me è da privilegiare nel decluttering della casa, insieme a suggerimenti per rendere il processo più gestibile e gratificante.

Inizia esaminando ogni oggetto dell'intera casa, percorrendola nella sua interezza. Con questa iniziale ricognizione capirai subito, con atteggiamento distaccato, la zona che ha più bisogno di un intervento. Lo capirai sì visivamente ma anche emotivamente perché proverai un aumento della sensazione di stress quando raggiungerai quella determinata zona nella casa. Tienila bene a mente e fai una fotografia. Poi fotografa tutte le altre stanze della casa. Sarà importante dimostrare a te stesso alla fine del decluttering l'entità del miglioramento che hai apportato.

Affronterai il decluttering categoria di oggetto per categoria di oggetto, partendo dalla più semplice per te fino alla più complessa. Dovrai raccogliere gli oggetti afferenti alla categoria di oggetti che stai riorganizzando dalle varie stanze della casa e radunarli tutti insieme. Ti renderai conto di quanti oggetti, nel tempo, sono stati dispersi dove non avrebbero dovuto. Nel mio caso si trattava degli oggetti tecnologici come le batterie ricaricabili, i caricatori e gli auricolari, distribuiti in varie parti della casa. Metti tutto su un tavolo o un'area designata nella stanza stessa. Questo ti darà un quadro completo di ciò che possiedi e ti aiuterà a prendere decisioni più informate riguardo agli oggetti che desideri conservare o eliminare.

Passa ora alla valutazione di ogni singolo oggetto, che potrà portare alla sua conservazione o alla sua eliminazione dalla tua casa per essere buttato, venduto o regalato. Questa fase, alla quale dedicheremo ampio spazio nei capitoli successivi, deve vivere da sola e non va sovrapposta a quella successiva. Quindi prima seleziona con cura gli oggetti da tenere e solo successivamente passa alla loro organizzazione nello spazio: non puoi sapere quanti oggetti avrai da sistemare in un contenitore o in un armadietto, se prima non termini di selezionarli.

Ora scegli un posto per ogni cosa. Decidi in quale contenitore, cassetto o area devono stare determinate categorie di oggetti. Qui, meno spazio a interpretazioni o ambiguità lascerai, meglio vivrai e meglio vivranno le persone che utilizzano quella stanza oltre te. Se in un cassetto della cucina vanno i cavatappi, i cavatappi non dovranno stare nel cassetto sopra o sotto, ma solo in quello designato. Ricorda che se vivi da solo, stai imbrogliando te stesso cambiando il posto agli oggetti, ma se vivi con altri creerai loro dei problemi e inizieranno a dare la colpa a te se le cose sono fuori posto.

Mentre riordini e organizzi, visualizza il risultato finale. Durante il processo di decluttering, incontrerai momenti di stress o frustrazione. In quei momenti, è utile andare in una zona della casa che hai già riorganizzato e che rispecchia il risultato finale che desideri ottenere nella stanza sulla quale stai lavorando. Questo ti darà una visione di come potrebbe apparire la stanza una volta completato il processo e ti aiuterà a mantenere la motivazione.

Una volta sistemata la prima categoria, procederai una categoria alla volta. Come detto, avrai scelto per prima una categoria con la quale pensi di non avere eccessivi problemi e dedicherai il tuo tempo ed energie a riorganizzarla completamente prima di passare alla successiva. Questo ti permetterà di mantenere un approccio focalizzato e avere una visione chiara dei progressi che stai facendo. Vedrai che sistemando il primo gruppo di oggetti apprenderai già moltissimo su come per te funziona il processo di decluttering. Tenendo chiaro il tuo obiettivo specifico, capirai quale tipologia di oggetto sei incline a tenere e quale a buttare e questo ti velocizzerà molto nelle stanze successive.

Fermati quando è necessario. Il decluttering può richiedere tempo ed energia, ed è importante ascoltare il proprio corpo e la propria mente. Quando la stanchezza prende il sopravvento o la soddisfazione del progresso diminuisce, concediti una pausa. Non forzarti a continuare se non ti senti al meglio. Riprendi il lavoro quando sarai riposato e motivato per affrontarlo con rinnovata energia.

Rispettare il tuo ritmo è molto importante. Ognuno ha il proprio ritmo e il proprio modo di affrontare il decluttering. Rispetta il tuo processo e concediti il tempo necessario per prendere decisioni ponderate su ogni oggetto. Non sentirsi obbligati a seguire un ordine specifico può ridurre lo stress e permetterti di affrontare il decluttering in modo più naturale e gratificante.

Sperimenta il successo iniziale. Se sei alle prime armi con il decluttering, fai passare qualche giorno dal momento della tua prima riorganizzazione. Ti renderai conto di quanto meglio vivi il quotidiano dopo aver sistemato quella categoria di oggetti e sperimenterai un senso di successo iniziale. Vedere un'area della casa trasformarsi in uno spazio ordinato e funzionale ti darà fiducia e motiverà a continuare con entusiasmo.

Celebra sempre i progressi. Misurare i progressi fatti nel decluttering delle stanze è importante per mantenere la motivazione e l'entusiasmo. Celebra ogni volta che completi con successo il decluttering di una stanza. Confronta il risultato con la foto che hai scattato prima del decluttering. Ammira l'ambiente ordinato e goditi il senso di leggerezza e chiarezza che ne deriva. Condividine l'immagine con gli amici o sui social media per ricevere feedback positivo. Prémiati con un drink. Questo ti darà la carica necessaria per continuare con le stanze successive e ti farà vivere il decluttering come un gioco che sei destinato a vincere, livello dopo livello.

Seguendo questa metodologia potrai rendere il decluttering un processo più gestibile e gratificante. Ricorda che ogni passo avanti conta e che anche una sola stanza trasformata può apportare un impatto significativo nella tua casa e nella tua vita.

STANZE O CATEGORIE? COME PROCEDERE

Il decluttering può essere un compito impegnativo, ma seguendo un ordine sistematico per procedere, avrai contezza di ciò che stai affrontando e arriverai senza problemi alla fine e avrai successo.

Ma come bisogna procedere: per stanze o per categorie? La mia risposta è: butta per categorie, finalizza per stanza.

In un mondo ideale ogni categoria di oggetto dovrebbe occupare un unico posto nella casa. Pertanto, procedere per stanze o per categorie sarebbe equivalente. I vestiti starebbero solo nella cabina armadio o in camera da letto, i libri solo in salotto o nello studio, gli attrezzi da cucina in cucina. Purtroppo, la realtà non è così semplice o lineare: in una stanza non troverai mai esclusivamente oggetti appartenenti a un'unica categoria. Per esempio, in camera da letto troverai sì vestiti ma anche arredi e magari altri tipi di oggetti e ricordi personali.

Viceversa, in una casa possono ad esempio esserci più bagni o due zone cucina. Inoltre, una medesima categoria di oggetti può trovare utilità in più stanze o zone della casa e sarebbe semplicistico mantenere relegati in un'unica zona oggetti che invece potrebbero portare gioia e valore anche altrove. L'esempio più classico che mi viene in mente sono i libri e le riviste. Normalmente trovano alloggio sulla libreria posizionata in soggiorno o nello studio, ma è comune sfogliarli nel bagno. Perché allora non tenerne una determinata quantità anche lì, magari facendoli ruotare periodicamente?

Tutto ciò detto, la mia risposta è dunque: butta per categorie, finalizza per stanza.

Pur essendo io la massima sostenitrice dell'utopia con la quale ho aperto (una categoria=una stanza), penso che non si debba ragionare, o quantomeno, non esclusivamente per categorie ma anche per zone della casa. Per me è molto importante sapere cosa voglio ottenere da una determinata zona della casa perché in quella zona compiamo un determinato tipo di azioni: nello studio avrò sempre bisogno di strumenti tecnologici ma ciò non significa che vi debba conservare tutti quelli che posseggo, anche molto diversi tra loro, bensì solo una ridotta selezione funzionale al mio lavoro quotidiano. Lo studio, per me, inoltre deve avere una funzione estetica importante e desidero che sia il più possibile leggero e arioso.

Quando affrontiamo il decluttering e l'organizzazione della nostra casa, è senza dubbio utile stabilire un ordine strategico con cui affrontare gli oggetti. Molti consigliano di iniziare dai vestiti e terminare con i ricordi, tra cui Marie Kondo. Tuttavia, ognuno di noi ha esigenze diverse e il processo di decluttering è unico per ogni individuo. Non mi stancherò mai di sottolineare l'importanza di personalizzare l'ordine degli oggetti da sistemare e suggerisco un approccio che privilegia gli oggetti più usati come punto di partenza e non necessariamente una specifica categoria.

Partire dall'abbigliamento è un'ottima idea e anche il punto dal quale sono partita io: tutti i giorni noi ci vestiamo, maneggiamo vestiti e scarpe ed è quindi una categoria con la quale abbiamo sempre a che fare. Si tratta inoltre di oggetti che più facilmente di altri accumuliamo e che, una volta eliminati e sistemati, ci daranno in modo molto chiaro evidenza dei benefici del decluttering. Ma partire da lì non è sempre vincente: molte persone non riescono a staccarsi dai propri vestiti per ragioni affettive, perché dicono che forse un giorno torneranno a indossarle (concetto che nasconde sempre ragioni affettive), perché desiderano conservarle come vestiti da casa (sempre una ragione affettiva), perché considerano uno spreco buttarle (sempre ragioni affettive) o perché semplicemente non riescono a separarsene (sì, sempre affettive). L'abbigliamento è solo in apparenza una categoria semplice: in certi casi il modo in cui i vestiti ci appaiono inadeguati visivamente al nostro fisico o alla nostra età rende il processo di eliminazione semplice, ma in altri le ragioni affettive prendono il sopravvento.

Io consiglio di partire da una categoria nella quale i sentimenti c'entrano ben poco, nel mio caso gli utensili da cucina. Consiglio questi anche perché la cucina è la zona della casa nella quale passo, obtorto collo, la maggior parte del mio tempo non lavorativo e nella quale ricerco la massima efficienza. Ma questa sono io. Chi ama la cucina e associa agli utensili della cucina ricordi personali che rendono difficile l'eliminazione anche di oggetti ormai inutili non dovrebbe cominciare da questa categoria. Nel caso di mio marito, che ama cucinare, partire dalla cucina sarebbe impossibile.

Considera dunque le tue esigenze personali. Ogni persona ha esigenze diverse e categorie di oggetti che hanno un significato particolare nella loro vita. Quindi, anziché seguire un ordine rigido, prendi in considerazione le tue esigenze e i tuoi sentimenti nei confronti delle categorie di oggetti.

Il mio consiglio è dunque partire dagli oggetti più usati e ai quali non siamo affezionati. Così facendo avrai dei vantaggi immediati. Gli oggetti che usiamo quotidianamente tendono a diventare disordinati più facilmente e possono influenzare negativamente la nostra produttività e il nostro benessere. Iniziare con questi oggetti ci permette di ottenere risultati tangibili fin da subito e ci motiva a continuare il processo di decluttering in altre aree della casa. Ad esempio, se gli utensili da cucina sono per te, come per me, una fonte di frustrazione quotidiana, potrebbe essere utile iniziare con quelli, poiché organizzarli in modo efficiente ti permetterà di sperimentare i benefici del decluttering fin da subito.

Tutto ciò premesso, ecco le categorie di oggetti che personalmente reputo meno problematici e dalle quali consiglio di iniziare:

- abbigliamento, scarpe e accessori
- attrezzi da cucina
- cibo e farmaci
- oggetti per l'igiene personale
- biancheria per la casa
- documenti cartacei
- elettronica e tecnologia

Gradualmente affronta le categorie più personali: dopo aver affrontato gli oggetti più utilizzati, puoi passare gradualmente a categorie più personali. Questo approccio graduale ti permetterà di sviluppare le competenze necessarie per prendere decisioni consapevoli riguardo agli oggetti che potrebbero avere un legame affettivo o emotivo più profondo.

Stiamo parlando di una serie di categorie intermedie che riguarda gli oggetti della nostra vita e che dipendono dai nostri hobby e dai nostri interessi e che vanno affrontati in un secondo momento: dagli articoli sportivi agli strumenti da disegno, ai materiali per la fotografia, alle valigie, ai giochi di società. Procedendo nel decluttering, capirete progressivamente quanti sono gli oggetti inutili che vi circondano e inizierete addirittura a provarne fastidio, facilitando il processo.

Ecco le categorie di oggetti che vanno affrontati per ultimi, perché strettamente legati a noi da connessioni affettive:

- arredi
- libri e riviste
- oggetti personali e ricordi di famiglia

Ricorda che l'obiettivo principale del decluttering è creare uno spazio che rifletta te stesso e ti faccia sentire a tuo agio. L'ordine degli oggetti è una scelta personale e flessibile. Trova il modo che funziona meglio per te, garantendo che il processo di decluttering sia gratificante e soddisfacente. Ricorda che il tuo obiettivo finale è creare uno spazio armonioso e funzionale che ti permetta di vivere una vita più organizzata e serena.

L'ORGANIZZAZIONE STANZA PER STANZA

Una volta eliminata ciascuna categoria di oggetto dall'eccesso, avrai raggiunto un fantastico risultato: avrai solo gli oggetti che riterrai utili alla tua felicità, un concetto che potrà e dovrà cambiare nel tempo, ma oggi, qui e ora, questo importante fatto sarà vero. Avrai accanto e intorno a te solo ciò che ti rende felice.

L'ordine delle categorie, come abbiamo visto, è fondamentale per liberarsi da quello che non dobbiamo conservare. In un mondo ideale, dovremmo prima eliminare tutto categoria per categoria e poi organizzare e sistemare tutto.

Naturalmente questo ci è impossibile sia per ragioni di spazio (dovremmo disporre tutto tutto tutto ciò che possediamo una categoria dopo l'altra nella nostra casa e non sapremmo dove) sia per ragioni di tempo (come potremmo continuare a vivere con una casa completamente compromessa dalle operazioni di decluttering?).

Ne consegue che, scontrandoci con la realtà, una volta eliminati gli oggetti di una determinata categoria, dovremmo passare a organizzare gli oggetti nel loro luogo dedicato. Per molti oggetti questo luogo è semplice da identificare: per i vestiti si tratta dell'armadio, per le scarpe delle scarpiere o di nuovo l'armadio, per gli utensili da cucina la cucina, che è - con tutta probabilità - il luogo in cui li riponevi prima. Però ti accorgerai - e sarà un buon esercizio mettere sempre in discussione questo punto - che non necessariamente il posto precedente è il posto più adatto. Potrai allora considerare la possibilità di posizionare una categoria di oggetti in un luogo diverso della casa, che ti permette di utilizzarmi meglio. Sarà una scoperta meravigliosa. Inoltre potrai anche considerare di posizionare un sottoinsieme di quella categoria per assolvere al suo compito anche in altre zone della casa (vedi l'esempio delle riviste del bagno o della selezione dei device tecnologici nello studio).

Sarebbe senza dubbio errato iniziare e concludere l'operazione completa di decluttering stanza per stanza, perché riferendomi all'esempio della camera da letto, potrò benissimo iniziare dai vestiti ma se in quella stanza trovo anche oggetti personali e ricordi, non potrò passare direttamente a quella categoria e concludere la stanza. Dovrò perciò procedere per categoria.

Ribadisco quindi il mio consiglio precedente: butta per categorie, finalizza per stanza.

Mentre progredisci nel tuo processo di eliminazione degli oggetti, ti accorgerai che, per alcune stanze, avrai già selezionato tutti gli oggetti necessari. Questo sarà un momento importante! Per esempio, molto presto nel tuo processo di decluttering (potrebbe essere la prima o la seconda categoria che affronti), avrai selezionato gli oggetti per la cura personale e i farmaci. A questo punto, potrai già finalizzare il tuo bagno, in quanto non contiene altre categorie di oggetti: niente ricordi, niente oggetti personali, niente arredi. Finalizza quello! Ti renderai conto di quanto tutti i tuoi sforzi siano in grado di portare ordine alla tua stanza. Entrando lì, capirai tutto il potere che il riordino ha portato in quella stanza e vedrai il bagno come un microcosmo perfettamente funzionale e piacevole.

L'ordine delle stanze che finalizzerai sarà dunque direttamente collegato alle categorie che avrai scelto di affrontare per prime. Non dovrai fare scelte: le categorie sceglieranno per te. Finalizzerai dunque stanza per stanza e concludere il posizionamento nella maniera più adeguata gli oggetti che hai deciso di tenere.

Ecco l'ordine con il quale io ho finalizzato la mia casa, frutto delle scelte di categoria che ho effettuato: per primo ho finalizzato proprio i due bagni, per l'esatto motivo che ho appena scritto (nessun altro oggetto se non medicinali e farmaci), poi ho chiuso la cucina (niente se non utensili e cibo e qualche arredo), poi ho chiuso lo studio (dove ho non pochi arredi) e il soggiorno. Solo per ultima ho finalizzato la camera da letto perché è dove ripongo gli oggetti personali.

LA SELEZIONE DEGLI OGGETTI

Eccoci pronti: abbiamo scelto la categoria di oggetti dalla quale iniziare e la stanza dove organizzarli. "E adesso cosa devo fare?" ti starai chiedendo.

Te lo spiego subito. Prima di tutto devi togliere tutti gli oggetti di quella categoria dal relativo contenitore. Se si tratta di vestiti, dall'armadio e dai cassetti. Se si tratta di oggetti per l'igiene personale, dagli armadietti, dai cesti e dai cassetti. È importante disporli tutti, nella loro totalità, di fronte a te, su un letto, per terra o su un tavolo. Solo vedendoli tutti capirai quanti sono e ti renderai immediatamente conto che sono troppi.

Ora li dovrai considerare uno per uno ed effettuare molte valutazioni. Ti sembrerà un processo laborioso e faticoso inizialmente ma ti assicuro che diventerà quasi istintivo già dopo poco tempo. Guardalo da vicino, prendilo in mano ed esaminalo.

Quando affronti il processo di decluttering, è importante che selezioni gli oggetti in base a diversi criteri. Questi criteri ti aiuteranno a prendere decisioni informate su cosa conservare e cosa eliminare. Non c'è un ordine di importanza fisso per questi criteri: considerali nel loro insieme per ottenere il miglior risultato.

Chiediti se l'oggetto ti apporta ancora gioia o se è veramente necessario nella tua vita.

Ricorda che il decluttering riguarda proprio l'eliminazione degli oggetti non utilizzati o non amati, che ad esempio ci sono stati regalati e che abbiamo vinto o ricevuto per altre vie. Non solo perché una cosa ci è stata regalata siamo tenuti a tenerla. Anzi, molto spesso è vero il contrario: un oggetto che ci è stato regalato riflette la personalità di chi ce lo ha dato e magari urta la nostra.

Viceversa, non incaponirti a tenere qualcosa solo perché l'hai pagato caro. Accetta semplicemente di aver fatto un errore e disfatene. Conservarlo significa continuare a vederlo e ricevere un reminder costante dell'errore che hai fatto nel comprarlo e dei soldi che hai sprecato facendolo. Eliminalo e tutto questo sparirà.

Valuta la sua utilità pratica. Uno dei criteri più importanti da considerare è l'utilità pratica di un oggetto. Chiediti se l'oggetto viene utilizzato regolarmente e se serve a soddisfare una funzione specifica nella tua vita quotidiana. Se un oggetto non viene utilizzato da molto tempo o non ha una funzione pratica nella stanza, potrebbe essere il momento di liberartene. Piccolo o grande che sia, non importa. Se un oggetto non serve più va buttato.

Un altro criterio da considerare è l'estetica dell'oggetto e la sua coerenza con il mood (sentimento) e la palette di colori di qualche stanza della casa o il fatto che sia semplicemente brutto. Chiediti se l'oggetto si integra bene con l'aspetto generale che desideri creare in casa. Se un oggetto non si adatta al tuo stile o disturba l'armonia visiva della stanza, potrebbe essere opportuno escluderlo. Ricorda che in questo momento stai selezionando gli oggetti di una determinata categoria, non li stai ancora posizionando nella casa. Quindi, ad esempio nel caso degli oggetti decorativi, conserva gli oggetti che possono avere un posto fruttuoso ovunque nella casa e non escluderli solo perché nella stanza originaria non li vuoi più.

Nel momento in cui decidi che un oggetto non ha più la sua utilità pratica originaria, valuta se quell'oggetto può avere una nuova utilità: la tazza rotta può diventare vaso, il vaso stretto un portamatite. In quel caso conserva l'oggetto e spostalo immediatamente di categoria.

Oltre che dal senso di colpa, liberati anche dal peso del passato. Questo è un punto importantissimo, per me il punto più importante. Molti oggetti ti porteranno inevitabilmente a ricordi del passato. Questo sentimento, in alcuni casi, può diventare soverchiante: ricorderai di aver indossato un certo abito in una occasione triste, di aver ricevuto una tazza in regalo da un amico che non hai più, di aver usato una racchetta da tennis in un torneo che hai perso. Liberarsi di questi oggetti significa liberarti da un passato che non ti porta gioia e istantaneamente vivere meglio.

Pensa anche che gli oggetti che ti circondano sono gli oggetti che ti devono servire ora: non ti sto dicendo di buttare cose che con ragionevole certezza ti serviranno (io stessa conservo scarpe per bambine di due o tre numeri più grandi di quelle che portano al momento perché più prima che poi andranno loro bene). Sarebbe sciocco e non sostenibile. Ma ognuno di noi deve vivere il presente e abbracciarlo con gioia: non conserviamo oggetti inutili nascondendoci dietro un "forse un giorno mi servirà": occuperanno spazio inutile e saranno un costante reminder del fatto che quel giorno non è ancora arrivato e forse non arriverà mai.

Gli oggetti, tutti gli oggetti, richiedono molta manutenzione. Vanno conservati, spolverati, puliti, fatti arieggiare. Ogni oggetto in più che possiedi non è scevro dalla necessità di sforzi di tutti i tipi: di tempo, di soldi, di energie mentali, costi opportunità.

Ricordati che in tutti i casi, a parte quello dei ricordi e dei cimeli di famiglia (ma a volte anche in quelli), hai davanti degli oggetti, dei semplici oggetti che - come tali - vanno valutati. Non sono te, non sono la tua vita, sono cose al tuo servizio e non viceversa. Solo per le categorie più personali, appunto, considera il legame personale e il valore emotivo degli oggetti. Tutti gli altri oggetti devono essere selezionati in modo oculato per ragioni pratiche e di soddisfazione personale.

Ora ti dirò una cosa importante: gli oggetti con una scarsa utilità pratica, che andrebbero buttati, ma che hanno per te un legame affettivo tale da non fartene liberare vanno tenuti, ma vanno considerati oggetti personali o ricordi. Oltre ti spiegherò dove posizionarli. Si capisce anche che, esaminando una determinata categoria, potrai e dovrai spostare alcuni oggetti in categorie diverse perché ti accorgerai che alcuni hanno esaurito la loro funzione pratica e sono diventati dei soli portatori di ricordi. Anche solo così facendo compirai un importante passo verso la consapevolezza e la leggerezza e ti libererai di un pezzo di passato dandogli il giusto peso.

Per dare maggior senso a questi criteri, ecco una lista di obiezioni che il tuo inconscio potrebbe sollevare mentre è impegnato nel decluttering e si trova di fronte a un oggetto potenzialmente da eliminare:

- "Quest'oggetto non mi serve, ma potrebbe servirmi in futuro". È molto improbabile che ciò avvenga. Inoltre, se parli di un vestito o di un paio di scarpe, non puoi in nessun modo prevedere che torni di moda o che in quel momento ti andrà ancora bene. Inoltre, anche se la moda ritorna, non torna mai esattamente come la prima volta e l'oggetto che stai esaminando rischierà solo di apparire inadeguato. Considera al contrario, se quella moda tornasse davvero, di farti un regalo e comprare un nuovo indumento per premiarti.
- "Quest'oggetto posso usarlo quando sono in casa". Sconsigliabile, se non per un breve periodo di tempo. Secondo il principio di non spreco, trovo giusto tenere una maglietta o una tuta per effettuare lavori in casa o in giardino in quanto indumenti sacrificabili, ma il loro destino è comunque quello di essere buttati e questo dev'essere ben chiaro.
- "Quest'oggetto è piccolo, posso anche tenerlo". Sbagliato: anche e soprattutto se è piccolo, un oggetto inutile è sempre inutile. Bisogna liberarsene.
- "Che fastidio ti dà?" Molto, grazie. Parente stretta della precedente, questa obiezione non ha fondamento. Solo perché c'è spazio per ospitare un oggetto non significa che dobbiamo tenerlo.
- "Quest'oggetto l'ho pagato caro, non voglio buttarlo". È un pensiero irrazionale. Il costo originale di un oggetto non ha alcuna influenza sull'utilità dell'oggetto. Piuttosto

cerca di venderlo o di regalarlo, ma non tenerlo quando sai per certo che la sua utilità si è esaurita.

- "Sono affezionato a questo oggetto, non voglio buttarlo". Se sei affezionato a un oggetto, spostalo nella categoria dei ricordi ma toglilo da quella originaria perché non ha più utilità pratica in quel senso.

Come dicevamo in un capitolo precedente, esaminando uno per uno gli oggetti di una determinata categoria, dovrai fare di quegli oggetti due gruppi distinti: "tenere", "non tenere". A sua volta "non tenere" potrà o dovrà suddividersi in "buttare", "vendere", "donare". Ti renderai conto, così facendo, anche di un'altra cosa: ciò che ha valore per te non ha valore per gli altri. Mio marito era convinto che una vecchia borsa di pelle potesse valere alcune centinaia di euro sul mercato dell'usato. Ero già sicura che non sarei riuscita a venderla ma ci ho provato lo stesso, con risultati nulli. Oltre a spingerlo a donare rispetto che a cercare qualche spicciolo sul mercato, questa lezione è stata importante per fargli capire la relatività delle percezioni degli oggetti e anche per rendere meno dolorosa la separazione da ciò che non serve più.

Quando ci avventuriamo nel processo di decluttering, una delle sfide più comuni è decidere quali oggetti tenere e quali eliminare. In questo capitolo, esploreremo alcune regole pratiche che possono aiutarti a prendere decisioni informate e ragionevoli durante il processo di selezione.

Elimina ciò che non serve: il principio fondamentale del decluttering è eliminare ciò che non serve più. Fai una valutazione onesta degli oggetti e chiediti se li utilizzerai effettivamente in futuro. Se un oggetto è stato dimenticato o non ha una funzione pratica nella tua vita, è probabile che sia il momento di lasciarlo andare.

Un unico oggetto per ogni tipo: una regola generale è quella di avere un solo oggetto per ogni tipo. Ad esempio, potresti avere un solo paio di forbici per le unghie, un solo set di cacciaviti o un solo tagliacarte. Mantenere un unico oggetto funzionale per ogni categoria riduce il disordine e semplifica la ricerca e l'utilizzo degli oggetti.

Considera l'effetto emotivo: alcuni oggetti possono essere associati a ricordi negativi o emozioni sgradevoli. Se un oggetto ti causa stress, tristezza o insoddisfazione, potrebbe essere utile considerare di eliminarlo. Ognuno di noi ha una relazione personale con gli oggetti, quindi fidati delle tue emozioni e delle sensazioni che provi quando guardi un determinato oggetto. Se ti fa sentire negativo, considera di liberartene per favorire un ambiente più sereno.

Tocca o guarda l'oggetto: Marie Kondo suggerisce di toccare gli oggetti per valutarne l'importanza e il valore nella nostra vita. Tuttavia, se per te è sufficiente guardare un oggetto per evocare emozioni e ricordi, allora utilizza questa modalità di valutazione. L'importante è essere consapevoli delle emozioni e delle sensazioni che l'oggetto suscita in te e utilizzarle come guida per prendere una decisione.

Spazio occupato vs valore dell'oggetto: considera anche lo spazio che un oggetto occupa rispetto al suo valore e utilità effettiva nella tua vita. Ad esempio, se un oggetto di poco valore occupa molto spazio e si prevede che verrà utilizzato raramente o mai in futuro, potresti valutare l'opportunità di liberartene. Questo è particolarmente vero per oggetti voluminosi o che richiedono una conservazione complessa.

Ricorda che queste sono solo regole guida e che ogni persona ha il proprio modo di approcciarsi al decluttering. È importante trovare un equilibrio tra la razionalità e le emozioni nel prendere decisioni sulle cose che ci circondano. Ascolta te stesso, fidati delle tue sensazioni e prendi decisioni che rispecchino i tuoi valori e obiettivi di vita.

Inoltre, tieni presente che il processo di decluttering può essere graduale e che potrebbe richiedere più di un passaggio per eliminare completamente gli oggetti non necessari. Non sentirti obbligato a eliminare tutto in una volta, ma prenditi il tempo necessario per valutare e decidere.

Infine, ricorda che il decluttering non riguarda solo l'eliminazione degli oggetti, ma anche la creazione di spazi che riflettano la tua personalità e le tue esigenze. Lascia spazio per le cose che ti portano gioia, ispirazione e significato nella tua vita. Concentrati su ciò che è davvero importante per te e crea un ambiente che ti supporti nel raggiungimento dei tuoi obiettivi e nel vivere una vita più intenzionale e soddisfacente.

A questo proposito utilizza la pratica del "Lessico degli oggetti". Quando affronti il decluttering, è utile adottare un lessico positivo. Invece di dire "devo sbarazzarmi di" o "devo eliminare". Usa invece frasi come "scelgo di donare" o "scelgo di lasciar andare", "decido che non voglio più avere". Questo cambia il tuo atteggiamento nei confronti del decluttering, rendendolo un processo attivo, in cui tu decidi cosa resta e cosa va, e lo trasforma in una pratica consapevole.

Quindi, prendi in considerazione queste regole pratiche durante il processo di selezione degli oggetti da tenere e da eliminare. Affronta il decluttering con un approccio equilibrato, basato sulla tua intuizione, sul tuo stile di vita e sui tuoi valori personali. Ricorda che il decluttering è un processo unico per ognuno di noi e che la chiave per il successo è trovare l'equilibrio tra la funzionalità, il valore emotivo e il rispetto dello spazio che ci circonda.

E ADESSO DOVE E COME LO METTO?

Ora che hai eliminato tutto ciò che è superfluo ammira il tuo risultato: hai liberato la tua casa di sacchi interi di spazzatura, riciclato tutto ciò che potevi, fatto molto spazio. A questo punto puoi passare alla fase di riorganizzazione degli spazi dedicati a quegli oggetti, che potranno trovare varie collocazioni all'interno della casa. Non tutti abbiamo un unico bagno o un'unica cucina, oppure possiamo voler posizionare i libri sia nello studio che in sala. Capisci come desideri organizzare la tua casa e agisci di conseguenza. Scegli l'ordine di stanze o zone che ti mette più a tuo agio e inizia a riorganizzare la tua vita.

Allontanàti dalla nostra casa gli oggetti da "non tenere", ecco che siamo rimasti con i nostri item preferiti della prima categoria che abbiamo affrontato. Già avvertiremo come la loro semplice presenza e la loro vista ci alleggerisca l'animo e ci faccia venire molta più voglia di utilizzarli rispetto a prima.

Una volta che hai effettuato il decluttering e hai selezionato gli oggetti che desideri conservare, è fondamentale organizzarli in modo efficace per mantenere un ordine duraturo, chiaro e piacevole alla vista.

La tattica vincente è una sola: disporre in modo da vedere tutto e nella maniera più piacevole possibile all'occhio. Saprai istantaneamente tutto quello che possiedi: la visibilità è tutto, non solo nel riordino della casa. Questo è davvero il punto di forza dell'intera operazione del decluttering e stravolgerà la tua percezione degli oggetti che possiedi. Approfondiremo comunque il concetto nei prossimi capitoli.

Come regola generale, ti consiglio queste strategie per riporre gli oggetti conservati in modo pratico e funzionale. Poi mi addentrerò categoria per categoria su come secondo me è meglio comportarsi con i diversi tipi di oggetto:

- Organizza per tipologia o utilizzo: per prima cosa raggruppa gli oggetti in base alla loro tipologia o utilizzo. Ad esempio, separa i libri per genere o per casa editrice, gli utensili da cucina per funzione o forma, gli abiti per tipologia, ecc. Questo ti permetterà di individuare rapidamente ciò di cui hai bisogno e di evitare disordine accidentale.

- Crea zone di posizionamento primaria: Identifica le diverse zone o aree della tua casa in cui riporre gli oggetti. Ad esempio, gli abiti staranno tendenzialmente nella cabina armadio o in camera da letto, gli utensili da cucina in cucina, ecc. Questo ti aiuterà a mantenere un sistema di archiviazione strutturato e facile da gestire.

- Valuta le varie zone di posizionamento: come abbiamo visto non esiste un'unica zona nella quale le singole categorie di oggetto sprigionano la propria utilità. Due bagni, due cucine, due zone letto richiedono la stessa categoria di oggetti. Decidi quanti e quali oggetti della categoria interessata ti servono nei vari punti della casa.

- Sfrutta gli spazi verticali: ora sei pronto a disporre gli oggetti il più possibile in verticale. Questo ti consentirà di massimizzare lo spazio a tua disposizione e di avere un accesso immediato e – soprattutto - visualizzare tutti gli oggetti in un colpo solo.

- Mantieni una logica di posizionamento: pensa a come utilizzi gli oggetti e posizionali di conseguenza. Ad esempio, tieni gli oggetti che utilizzi più frequentemente a portata di mano e quelli meno utilizzati in posizioni più remote o meno accessibili.

- Utilizza contenitori, quando servono: raccogli contenitori di varie forme anche utilizzati per altri scopi - scatole da scarpe, scatole di latta, contenitori di plastica - in modo da recuperare ciò che già hai prima di acquistare altre cose utili allo scopo. Investi in contenitori di qualità solo quando avrai più contezza degli oggetti e degli spazi che devi organizzare. Inizia utilizzando cassetti e ripiani. Per gli oggetti che invece non possono essere posizionati liberamente, tendenzialmente di piccole dimensioni, utilizza i contenitori. Possono essere contenitori trasparenti oppure no: l'importante è che tu possa vedere al loro interno e identificare gli oggetti che contengono il più velocemente possibile. Vorrei scoraggiarti dall'utilizzare contenitori di plastica, meno sostenibili, e invitarti a privilegiare altri materiali come la carta riciclata o il cartone grezzo. Inoltre, dovresti posizionare i contenitori che rendono visibili gli oggetti dall'alto nei ripiani più bassi e quelli trasparenti (se decidi di usarli) in alto.

- Etichetta i contenitori: per i contenitori nel quali non vedi l'interno e - se ti piacciono - anche per quelli trasparenti, utilizza etichette o etichette adesive per identificare il contenuto. Questo semplificherà la ricerca degli oggetti quando ne avrai bisogno e contribuirà a mantenere l'ordine nel lungo termine.

- Valuta le soluzioni di archiviazione nascoste: se preferisci un aspetto ordinato e minimalista, considera l'utilizzo di soluzioni di archiviazione nascoste, come scatole dai colori pieni e quindi non trasparenti, da porre all'interno o all'esterno degli armadi. Questo ti permetterà di nascondere gli oggetti, mantenendo un ambiente visivamente pulito e ordinato.

- Mantieni l'ordine: mantieni l'ordine negli spazi di archiviazione. Riponi gli oggetti nel loro posto designato dopo averli utilizzati e sii consapevole di eventuali accumuli o disordine che potrebbero formarsi nel tempo. Effettua una ricognizione periodica per controllare che l'ordine si sia mantenuto.

- Valuta e adatta il sistema di archiviazione: periodicamente, valuta se il tuo sistema di archiviazione sta funzionando in modo efficace o se richiede modifiche o adattamenti. Le tue esigenze e i tuoi stili di vita possono cambiare nel tempo. È importante essere flessibili e aperti a miglioramenti.

- Sii consapevole delle limitazioni dello spazio: tieni conto delle dimensioni e delle limitazioni dello spazio disponibile. Non sovraccaricare gli spazi di archiviazione con oggetti in eccesso, altrimenti rischierai di creare disordine e difficoltà nel mantenere l'ordine.

Seguendo queste strategie, potrai riporre gli oggetti conservati in modo efficiente, mantenendo un ambiente ordinato e funzionale. Ricorda di valutare periodicamente il sistema di archiviazione e di adattarlo alle tue esigenze in evoluzione. Un approccio oculato all'organizzazione ti aiuterà a godere dei benefici del decluttering nel lungo termine.

Una considerazione a parte va rivolta agli oggetti personali. Come abbiamo detto, non vanno riposti insieme alla categoria di provenienza ma in una sezione dedicata, come una bacheca o un ripiano speciale. In questa sezione dei ricordi posizionerai oggetti appartenenti ad altre categorie ma che svolgono per te la sola funzione sentimentale: una maglietta non svolgerà più la funzione di essere indossata ma quella di farti pensare al momento in cui l'hai indossata nel passato; una bottiglia non servirà più per contenere liquidi ma farti ritornare a quando l'hai bevuta con gli amici; una spilla servirà a rievocare per te l'amore di chi te l'ha regalata. In questo modo, potrai mantenere gli oggetti di valore sentimentale senza interferire con la funzionalità e l'estetica generale.

TATTICHE DA NON SEGUIRE NEL DECLUTTERING

Considerazioni e libri sul decluttering e il riordino abbondano. Possiamo trovare molte teorie e molti metodi suggeriti, alcuni dei quali - come avrai capito - non mi vedono per nulla d'accordo. Ecco quindi qui elencati i metodi più comunemente suggeriti che invece sono, secondo me, completamente sbagliati:

- La Regola del "One-In, One-Out": una delle strategie più efficaci per mantenere uno spazio ordinato sarebbe, ogni volta che aggiungi un nuovo oggetto alla tua casa, identificarne un altro da eliminare. No: questo approccio ci aiuta solo a mantenere invariato il numero di oggetti che possediamo e a evitare l'accumulo eccessivo ma non a eliminare gli accumuli del passato né a operare una selezione su ciò che possediamo. Inoltre se desidero un oggetto che non possiedo e che mi darebbe gioia, perché non dovrei comprarlo anche se non ho altro da eliminare?

- La tecnica dei "Quattro Scatoloni": assegnare a quattro scatoloni le etichette da conservare, da donare, da gettare e da riposizionare e introdurre progressivamente gli oggetti nelle scatole aiuterebbe a prendere decisioni rapide sul loro destino. Dico sì ai primi tre e no alla quarta. Quando si affronta il decluttering o una pulizia profonda si mette in discussione tutto e certamente anche – e soprattutto - la posizione. Soprattutto non bisogna considerare tutti gli oggetti insieme ma affrontarli per gruppi omogenei, ovvero per categoria.

- La "Zona di Quarantena": creare una zona di quarantena in casa dovrebbe funzionare come area temporanea per gli oggetti incerti e ogni oggetto dovrebbe avere una data di scadenza entro la quale dovresti decidere se conservare o buttare l'oggetto. No: come già sospetti le zone di quarantena non devono esistere. Prendi istantaneamente una decisione sulla sorte del tuo oggetto sulla base di come ti senti ora perché è ora che stai vivendo ed è ora che quell'oggetto deve renderti felice. Solo il fatto che tu sia in dubbio significa con tutta probabilità che quell'oggetto non ti interessa.

- La giornata del "Reset": dedicare una giornata al mese o ogni due mesi per un "reset" completo della tua casa dovrebbe permetterti di arrivare in fondo al decluttering senza affaticarti troppo. No: il decluttering in grado di trasformare la tua vita è una operazione che richiede molto tempo ed energie. È impensabile che ogni mese o due mesi tu possa e debba operare un nuovo decluttering. Questo significherebbe che ogni due mesi tu debba cambiare la tua vita. Ciò che puoi fare ogni mese o due mesi è una semplice verifica e controllo che tutto ciò che possiedi sia effettivamente quello che desideri e che il tuo sistema di archiviazione funzioni. Inoltre, il decluttering profondo deve durare il minor tempo possibile ed essere portato avanti tutto insieme. Solo operando un cambiamento profondo agli oggetti della tua casa, ti accorgerai dei benefici che porta alla tua vita.

L'ESTETICA DEL VISIBILE E DELL'INVISIBILE

Se è vero che desideriamo ciò che vediamo, è vero anche che ciò che vediamo ci fa provare altre emozioni oltre al desiderio: può incuriosire, esaltare, ma anche infastidire, irritare, repellere. In ogni caso, ciò che vediamo è ciò che ci fa provare le emozioni che proviamo quando entriamo in una stanza e in quella stanza ci fermiamo, parliamo, lavoriamo.

Il decluttering offre molti benefici, tra cui la possibilità di vedere e pensare solo a ciò che ci fa stare bene proprio lasciando in mostra ciò che ci fa stare bene, come una foto ricordo, o ci aiuta a concentrarci, come un orologio.

È importante che, entrando in una stanza o vivendo uno spazio, ciò che vediamo sia esteticamente appagante oltre naturalmente che funzionale. Se determinati oggetti, per ragioni estetiche o di collegamento mentale, ci danno fastidio, vanno rimossi. Tutto sarà più chiaro quando affronterò il legame tra decluttering e interior design, ma al momento rimaniamo sul punto: riordinando una stanza, andiamo in cerca di un equilibrio visivo e una piacevolezza estetica che ci renda più semplice vivere e lavorare. Capiremo subito, con questa consapevolezza, ciò che non va e riorganizzeremo lo spazio di conseguenza.

Non pensiamo però che tutto ciò che non è visibile non sia importante. Anche sapere che all'interno di un mobile regna la confusione è fonte di stress. Il senso di ordine e di benessere deve esistere anche quando apriamo i nostri armadi e i nostri armadietti, anzi è proprio in questi spazi che inizia la nostra performance di vita, che iniziamo a cercare le cose che ci servono e che verifichiamo ciò che abbiamo e ciò che ci manca prima di comprare.

Dobbiamo quindi concentrare i nostri sforzi non solo sulle parti visibili delle nostre stanze, ma agire in profondità e modificare la funzionalità e l'aspetto anche degli interni di armadi e dispense.

Non temere: nei prossimi capitoli ti accompagnerò attraverso le varie categorie di oggetti e le diverse stanze della casa con indicazioni chiare e precise per portare a termine con successo le operazioni di decluttering. L'ordine delle categorie è, come sai indicativo: come ti ho segnalato, sei libero di scegliere la categoria che ti mette meno in difficoltà e proseguire con le successive.

ELIMINARE E ORGANIZZARE: ABBIGLIAMENTO, SCARPE E ACCESSORI

Ecco come suggerisco di procedere con l'eliminazione di questa categoria di oggetti.

Raduna tutti i tuoi capi di abbigliamento sul letto o in un unico luogo, dove tu possa apprezzarne la numerosità, recuperando capi dalle varie parti della casa. Ti accorgerai di due cose: di quanto gli oggetti siano sparpagliati e di quanti vestiti possiedi. Immediatamente desidererai liberartene e questo è un ottimo segno. Vedrai il tuo armadio vuoto e già avrai voglia di riempirlo in maniera organizzata.

A questo punto devi iniziare a separare i vari capi per sottocategoria, e anche questo ti mostrerà quanti capi possiedi per ognuna di esse: quante magliette, quanti pantaloni lunghi, quanti vestiti lunghi o corti. Anche questo è un importante passo che ti può svelare importanti verità. Ti accorgerai anche di avere alcuni capi doppi, che hai probabilmente acquistato perché non ricordavi di averne di molto simili.

Ora puoi iniziare a liberarti dei capi inutili. Valuta ogni capo uno per uno: prendilo in mano, valuta quali vibrazioni ti provoca, considera se ti piace e se lo utilizzi regolarmente. Se un capo non ti sta più, è danneggiato, non ti fa sentire sicuro di te o a tuo agio, non si adatta al tuo stile o semplicemente non lo ami più è il momento di liberartene.

Qui ti parlo di un concetto importante: ogni oggetto in quanto tale lavora per noi, soddisfa una funzione. Quando abbiamo deciso di comprare quel capo di abbigliamento ha svolto la funzione importante di darci soddisfazione e probabilmente lo ha fatto per qualche tempo. Se oggi non ce ne dà più, non importa quanto lo abbiamo pagato o quale sia il suo valore residuo: a noi non serve più. Ha già svolto la sua funzione, quella di renderci felici quando lo abbiamo comprato e quando ce lo siamo messo in passato. Liberiamocene e doniamolo a qualcuno che ne ha bisogno.

Liberiamoci anche dal senso di colpa che ci colpisce analizzando i vestiti, così come dal peso del passato: "me lo ha regalato la mamma", "me l'ero messo al matrimonio del mio amico", "me lo tengo da mettere in casa". Alla mamma vorrai bene nonostante tutto, così come all'amico. Se un vestito in quanto tale non può più fare il vestito, buttalo. Altrimenti classificalo come ricordo e spostalo di categoria. Ora stai analizzando i tuoi vestiti, non i tuoi ricordi. La categoria intermedia dei vestiti da casa, come immagini, è l'anticamera del buttare. Se consideri il fatto di conservare alcuni capi solo per indossarli in casa, hai già fatto la tua scelta ovvero quella di non usarli più. Ti accorgerai che non metterai mai quei capi per stare in casa, o perché sono troppo scomodi o perché semplicemente non associ a loro questa funzione. Quindi il mio consiglio è quello di buttare tutto. Conserva pure alcune magliette o pantaloni per i lavori di bricolage della casa ma spostali di categoria: si tratta di vestiario tecnico e va associato ai lavori di casa, non all'abbigliamento. Se non puoi donare i vestiti e puoi utilizzarli come stracci, fallo per poi buttarli alla fine dell'utilizzo.

Due suggerimenti che sento aleggiare non mi vedono d'accordo. Il primo è quello per cui bisognerebbe conservare capi cromaticamente coerenti così da ottimizzare il guardaroba e creare più outfit con meno pezzi. No: devi conservare tutto ciò che ti dà gioia, indipendentemente dal colore. Ogni giorno è diverso e devi avere la possibilità di indossare capi che riflettono il tuo umore quel giorno. Non limitarti: solo scegli i capi che ti piacciono e butta gli altri. Il secondo consiglio è quello di effettuare il cambio di stagione, spostando fisicamente i vestiti in spazi più raggiungibili dell'armadio quando viene l'estate o arriva l'inverno. Con il metodo che ti sto spiegando, l'obiettivo è possedere un numero limitato di vestiti, che abbia un posto organizzato e funzionale nell'armadio. Dover spostare i vestiti due volte durante l'anno non rientra nel mio concetto di funzionalità e secondo me tutti i vestiti devono poter rimanere dove sono tutto l'anno.

Nel tuo valutare gli oggetti, ti renderai conto che sarai sempre più veloce ed efficiente nella selezione. Effettuerai una scelta quasi istintiva, quando invece applicherai quasi inconsciamente tutte le valutazioni necessarie. Nel decluttering le economie di apprendimento sono incredibili e te ne renderai conto molto rapidamente.

Accumula i vestiti che man mano scarti in sacchi da buttare o donare. Il loro progressivo crescere ti darà un enorme senso di liberazione e ti darà motivazione per continuare. Possiederai solo gli abiti che ti rendono veramente felici e in qualsiasi modo ti vestirai sarai perfettamente a tuo agio. Saprai anche di aver donato vestiti a chi ne ha bisogno, con un impatto positivo sull'ambiente. Avrai anche liberato preziosi metri cubi di inutilità dalla tua casa. Se possibile e sensato, avrai accumulato anche molti nuovi stracci da utilizzare nelle pulizie.

Applicare lo stesso processo alle scarpe sarà molto soddisfacente perché le scarpe sono più difficili da conservare e occupano molto più spazio. Poche cose sono più soddisfacenti che buttare un paio di scarpe vecchie. Scarpe belle che fanno male? Via: non avremo mai voglia di metterle. Scarpe rovinate irreparabilmente? Via: stesso discorso.

Borse, calze, accessori di vestiario: affronta tutte le categorie con lo stesso spirito, quello di conservare solo ciò che in questo momento si adatta al tuo stile e ti dà gioia.

Una volta conclusa questa fase e ammirato il risultato - da un lato tutti i capi che potrai eliminare, dall'altro i capi che hai deciso di tenere per donarti gioia -, è il momento di organizzare il tuo armadio.

Non tutti gli armadi sono uguali. Le tipologie di armadi per me più funzionali sono quelli composti da cassetti e palo per le grucce. Queste tipologie sono quelle ideali per ospitare e avere una visualizzazione chiara e immediata del contenuto dell'armadio. I ripiani sono molto adatti nei negozi per mostrare tipologie omogenee di abiti piegati e disposti in pile ben distanziate tra di loro, ma molto meno adatti alle case deputate a ospitare un gran numero di vestiti disomogenei.

Per procedere alla disposizione dei vestiti negli armadi, organizza l'abbigliamento in categorie specifiche. Ad esempio, crea sezioni per magliette, pantaloni, abiti, giacche, ecc..

Come utilizzare gli spazi? Come sai, gli indumenti possono essere composti dai materiali più diversi. Tutti possono essere appesi, non tutti possono essere piegati perché non terrebbero la forma della piega o perché rovinerebbero istantaneamente la stiratura. Prendi del tempo per capire da cosa sia composto esattamente il tuo guardaroba e crea categorie omogenee di conseguenza, per decidere se un determinato capo ha più senso appeso o piegato. Appendere è un metodo molto meno efficiente rispetto alla piegatura in quanto occupa molto più spazio. Al contrario piegare è particolarmente efficiente ed è il metodo tendenzialmente da privilegiare ove possibile. Suddividendo come ti ho detto gli abiti tra quelli che dovrai appendere e quelli che dovrai piegare, otterrai categorie specifiche come bluse eleganti (da appendere) vs maglie di cotone (da piegare), abiti lunghi eleganti (da appendere) e abiti di cotone (da piegare).

Disponendo i capi, dovrai cercare un effetto visivo soddisfacente così come funzionale. Ti consiglio di organizzare una categoria alla volta e disporla nell'armadio dando un senso di leggerezza crescente, quindi posizionando i capi più pesanti e scuri in basso e quelli più leggeri e chiari in alto. Per quanto riguarda le grucce, che comprerai della medesima tipologia per dare un senso di armonia e ordine all'interno del tuo armadio, allo stesso modo posiziona i capi più lunghi e scuri a sinistra e quelli più chiari e leggeri a destra. Questo naturalmente se leggi da sinistra a destra. Altrimenti inverti specularmente la disposizione. In questo modo, solo guardando l'interno del tuo armadio avrai un senso di leggerezza e gioia che ti metterà nello stato ideale per scegliere gli indumenti perfetti per la tua giornata o serata.

Se per appendere non bisogna che spieghi niente, per quanto riguarda la piegatura, il metodo Marie Kondo non ha eguali in termini di efficienza ed efficacia (suo anche il suggerimento di disporre gli abiti appesi come ti ho appena spiegato). Se ancora non lo conosci, sappi che sta per cambiarti la vita. Consiste nel piegare i capi di abbigliamento in modo che possano stare in piedi da soli. Per fare ciò, dovrai piegare il capo ripetutamente in modo che formi un rettangolo in grado di stare in piedi da solo. Nel caso di una maglietta, questa va sistemata piegando le maniche verso il centro, successivamente piegando il capo a metà in senso verticale e quindi in terze parti, in modo che possa stare in piedi da solo. Nel caso di un paio di pantaloni, la logica è la stessa: una volta disposta una gamba sopra l'altra e piegato verso l'interno il cavallo, i pantaloni vanno piegati a metà e poi in altre tre parti in modo da formare un rettangolo in grado di stare in piedi. Puoi ripetere la stessa metodologia per qualsiasi capo che desideri riporre nel tuo armadio. Puoi applicarlo a pantaloni di tutte le lunghezze, alle magliette a maniche lunghe e corte, ai maglioni, alle sciarpe, alle mutandine, ai calzini (che non vanno piegati l'uno dentro l'altro ma disposti uno sopra l'altro e poi piegati più volte fino a stare in piedi da soli). Non importa la forma originaria dell'indumento. Una volta familiarizzato con questo metodo di piegatura, riuscirai ad applicarlo a qualsiasi vestito. L'importante è che sia realizzato con un materiale in grado di tenere la piegatura. Gli abiti sintetici come quelli da corsa, ad esempio, non sono adatti e dovranno essere conservati diversamente, come ti spiegherò dopo.

Una volta piegati i vestiti in modo corretto, riponili verticalmente nel cassetto, uno accanto all'altro. Questo sistema ti permetterà di vedere chiaramente ogni capo di abbigliamento quando apri il cassetto, dandoti una idea completa e immediata di tutti i capi che possiedi in una determinata categoria. Troverai tutti i capi che ti danno gioia perfettamente ordinati. Sarà semplice prendere ciò che ti serve senza rovinare gli altri vestiti. Sarà anche impossibile riportare il disordine poiché non potrai riporre nuovi capi se non seguendo la disposizione verticale.

Puoi anche aggiustare la dimensione del vestito piegato per adattarsi alla dimensione specifica del tuo cassetto, così da utilizzarlo al 100%. Se desideri ulteriormente organizzare i tuoi vestiti nel cassetto, puoi creare delle divisioni utilizzando scatole o divisori. Questo ti aiuterà a separare diversi tipi di abbigliamento e a mantenere l'ordine nel tempo. Il consiglio che ti do è quello di organizzare anche i capi nel cassetto ordinandoli per colore, affiancandoli partendo da sinistra o da destra (a seconda del senso di lettura che utilizzi) e dai colori più scuri. Avrai la sensazione di leggerezza crescente e armonia totale quando apri il cassetto.

Per la mia esperienza, rispetto alla metodologia di storage classica in un cassetto, ovvero quella che vede i capi riposti uno sopra l'altro in orizzontale, questo metodo permette di risparmiare oltre la metà dello spazio. Questo significa che riuscirai a riporre nel tuo armadio e nelle tue cassettiere più del doppio degli indumenti che vi conservavi prima.

Se possiedi dei ripiani, questo metodo di piegatura non porterà risultati: il modo per vedere ogni capo che vi disponi sarà inevitabilmente quello di disporre i capi in orizzontale. Questo renderà però impossibile sfruttare lo spazio al 100%, prendere un capo senza spostare o rovinare gli altri, posizionarli di volta in volta in ordine cromatico.

La parte più alta degli armadi è di solito composta da scaffali. Valuta la possibilità di posizionare delle scatole mettendo al loro interno capi secondo il metodo di piegatura di Marie Kondo. In questo modo, aprendoli, potrai vedere tutto in un colpo solo come fosse un cassetto.

Per quanto riguarda i capi che non reggono la piegatura e che non sono adatti per essere appesi, come i sopracitati vestiti da corsa o i costumi da bagno, la tecnica da adottare è quella di piegarli raggiungendo un rettangolo molto piccolo, al pari di uno slip di cotone piegato, per poi posizionarlo in un divisorio per cassetto o una scatola da scarpe. Non riusciranno a stare in piedi ma potranno essere disposti uno accanto all'altro e mostrarsi insieme agli altri.

Per quanto riguarda invece le scarpe, potrai utilizzare le scarpiere o contenitori da riporre dentro o fuori l'armadio, possibilmente trasparenti per favorire la funzionalità.

Le borse sono una categoria ingombrante e non semplice da trattare. L'idea di riporle una dentro l'altra non mi convince. Occorre molto spazio perché le borse siano effettivamente visibili. Per questa categoria i ripiani sono l'ideale per accogliere le borse disposte in verticale l'una accanto all'altra, magari supportate da sostegni.

Per organizzare i gioielli ho cercato invano per mesi un contenitore che andasse bene per me. Non avendolo trovato, l'ho costruito io stessa. Ma se siete meno esigenti, potrete utilizzarne uno a scomparti che vi permetta di separare i vostri gioielli per tipologia o colore o usare scatole di varie dimensioni da posizionare in un cassetto. Io personalmente volevo massimizzare lo sfruttamento dello spazio del mio cassetto dedicato e quindi ho costruito un contenitore che fosse delle sue esatte dimensioni. Ho deciso le dimensioni dei divisori così che si adattassero alla numerosità e alle sottocategorie dei gioielli che possedevo. L'ho infine colorato del colore che volevo.

Dopo aver effettuato il decluttering dell'abbigliamento e delle scarpe, impegnati a mantenere l'ordine nel tuo guardaroba. Riponi sempre gli indumenti e le scarpe nel loro posto designato dopo averli utilizzati e valuta periodicamente se ci sono altri capi che possono essere eliminati.

Dopo il decluttering, adotta un approccio consapevole agli acquisti di abbigliamento e scarpe. Pondera attentamente prima di acquistare nuovi capi e cerca di scegliere solo ciò di cui hai veramente bisogno e che si adatta al tuo stile personale. Io personalmente mi impegno ad acquistare esclusivamente capi realizzati con materiali riciclati o organici o realizzati con tessuti di scarto di case di moda di qualità, magari cuciti da persone fragili. Basta una rapida ricerca per scoprire brand di moda sostenibile, leggendo la cui storia potrai cambiare completamente il tuo approccio allo shopping.

ELIMINARE E ORGANIZZARE: UTENSILI DA CUCINA

Il primo passo per affrontare la categoria degli utensili da cucina è prendere coscienza della numerosità degli oggetti che possiedi. Disponi tutti gli utensili sul tavolo, compresi piatti e bicchieri. Ricostruisci i vari set di oggetti da servizio: subito ti accorgerai di quanti servizi di piatti, bicchieri e posate siano incompleti o rovinati. Già questo ti porterà a fare delle scelte come comprare un servizio nuovo sbarazzandoti del vecchio, dandoti un senso di completezza e di ordine.

Riunisci anche tutti gli utensili per categoria di utilizzo: attrezzi per mescolare, tagliare, sbucciare, misurare, fare il tè, ecc.. Qui, almeno per quanto mi riguarda, vale il principio dell'utilità. Prendi ogni attrezzo da cucina in mano, accertati che funzioni e non sia rovinato e chiediti se lo usi regolarmente o se è stato sostituito da un attrezzo meglio funzionante. Elimina dunque gli attrezzi duplicati o quelli che non utilizzi più. Se hai attrezzi che sono danneggiati o non funzionano correttamente, non solo occupano spazio inutile, ma potrebbero anche essere pericolosi da utilizzare.

Ti accorgerai, facendo questa operazione, che possiedi gli utensili di cucina più vari che hai forse usato una volta o che ti sono stati regalati da persone in buona fede. Se non li usi, c'è poco da fare se non considerare che quell'oggetto ha svolto la sua funzione essendoti stato regalato e ora deve cambiare posto, uscendo dalla tua cucina. Se dovessimo usare anche solo due volte l'anno tutti gli attrezzi che abbiamo, dovremmo passare la nostra vita a cucinare. Sappiamo bene che non è così, nella maggior parte dei casi. Liberiamo spazio utile a gestire meglio ciò che veramente ci serve.

Naturalmente queste considerazioni sono vere per chi - come me - vive la cucina come un luogo della casa che deve assolvere la funzione di permettermi di cucinare con agilità. Se la cucina è la tua passione, ti dà gioia e ti permette di esprimerti, conserva tutto ciò che funge al tuo scopo: ogni attrezzo che desideri usare, anche raramente, deve rimanere e trovare un posto funzionale nella tua cucina. Assicurati solo di avere abbastanza spazio per ospitare tutto e, se non ce l'hai, troveremo insieme lo spazio che ti serve.

Organizza in modo funzionale gli utensili della cucina. Una volta selezionati gli utensili e pulito con cura cassetti, ripiani e armadietti, posiziona gli utensili per categoria. Ogni categoria deve avere un posto preciso che va scelto sulla base della funzionalità. Noi riponiamo posate e taglieri sotto il piano di lavoro, mentre macchina per sottovuoto ed estrattore di succo, utilizzati molto meno frequentemente, stanno nell'armadietto alto sopra il forno. La cosa importante è che ogni categoria abbia il suo posto ben definito e non si muova, così da automatizzare i nostri movimenti, rendere il nostro operato in cucina efficiente e non destabilizzare chi utilizza la cucina insieme a noi.

Visto che la cucina è tendenzialmente una zona condivisa, è sempre una buona idea illustrare le scelte con gli altri membri della famiglia, se non viviamo da soli.

Mantieni le superfici di lavoro il più libere possibile. Tieni in vista solo gli oggetti che usi regolarmente, come nel nostro caso il tostapane o il frullatore. Trova un posto dedicato per gli altri oggetti, evitando di lasciarli sparsi sulle superfici. Avrai un ampio spazio di lavoro, libero da ingombri, che ti permetterà oltre che di lavorare più facilmente anche di avere una sensazione di libertà, possibilità e comodità quando ti metti a lavorare in cucina.

ELIMINARE E ORGANIZZARE: ALTRE CATEGORIE SEMPLICI

Cibo e farmaci

Passando al cibo e agli ingredienti, il criterio è molto semplice. Devi buttare tutti quelli che sono scaduti. Dai un'occhiata alla dispensa e al frigorifero. Verifica le date di scadenza degli alimenti e scarta quelli che sono scaduti o che non utilizzi più. Fai attenzione alle confezioni aperte da molto tempo, anche se la data di scadenza non è ancora passata. Elimina ciò che non è più sicuro da consumare. Anche ciò che non ami e sai che non mangerai va eliminato. Dentro di te sai che stai aspettando solo la data di scadenza per buttarlo (almeno io faccio così). Tanto vale procedere immediatamente e liberare spazio.

Non dimenticare ciò che ti dicevo precedentemente: anche e soprattutto gli interni degli armadi e degli armadietti hanno enorme importanza. Al loro interno tutto deve essere chiaramente visibile e accessibile. Trattandosi di cucina e quindi di alimenti, è importantissima la visibilità. Dovresti essere in grado di vedere praticamente tutto quello che possiedi, così da non lasciare inavvertitamente scadere nulla. Sarebbe uno spreco di cibo, di soldi e di tempo.

La cucina è in perenne movimento. Nella gestione quotidiana, ti consiglio di ridurre al minimo gli imballaggi superflui, come ad esempio quello delle uova, quando la scadenza è scritta sull'uovo stesso. Fai molta attenzione alla dispensa: ogni spesa che entra in casa metterà alla prova l'ordine che avevi impostato. Arriveranno nuovi oggetti che dovranno essere posizionati con criterio, pronti a essere utilizzati all'occorrenza. In nessun caso vogliamo che la dispensa generi sprechi e dobbiamo quindi aver sempre ben chiaro ciò che possediamo per non farlo scadere.

Organizza gli alimenti in base alla data di scadenza, mettendo quelli con una data più prossima cavanti. Questo aiuta a promuovere una rotazione corretta degli alimenti, evitando che scadano e vengano sprecati. Assicurati di posizionare gli alimenti più vecchi nella parte anteriore per usarli prima. Utilizza divisori per sfruttare al meglio lo spazio all'interno della dispensa.

Ogni dispensa è diversa, quindi sperimenta con diverse soluzioni di organizzazione per trovare quella che funziona meglio per te. Potresti considerare l'uso di contenitori di diverse dimensioni o organizer per le spezie. L'obiettivo è creare uno spazio che sia pratico, funzionale e visivamente piacevole. Sono anche utilissimi i vassoi girevoli, ideali per contenere bottiglie: semplicemente ruotando avrai visibilità completa di tutto ciò che contengono, diversamente da quanto succederebbe con un armadietto. Io li amo.

I contenitori per il cibo hanno l'importante pregio di dare maggior ordine visivo ma hanno più di un difetto: togliendo il cibo dall'imballo originale, ad esempio la pasta, perdiamo importanti informazioni come la data di scadenza, i minuti di cottura, possibili ricette di impiego. Poi rappresentano un consumo che potrebbe essere evitato, come quello di plastica, sconsigliabile, che potrebbe peraltro alterare l'alimento stesso. A volte appunto usare un contenitore significa aprire il prodotto, come un pacco di riso, togliendo il sottovuoto. Insomma, non lo consiglio.

A meno di un'emergenza sanitaria, economica o nucleare, fare scorte numerose - come regola generale - non è una cosa positiva: richiede molto spazio e ci si ritroverà con molti esemplari del medesimo oggetto che possiamo trovare istantaneamente al supermercato, se ci serve.

Tutto ciò che ti ho detto è vero per la dispensa ma anche per il frigo. Se nella dispensa abbiamo separato gli oggetti disponendoli per sottocategorie come ad esempio "colazione"/"cose dolci" o "cose salate" nella dispensa, nel frigo ci rifaremo alle sottocategorie "verdura", "frutta", "latticini" in modo che ogni settore sia ben identificato. Se farai così non avrai bisogno di etichettare nulla: solo guardando avrai la chiara percezione di cosa trovare in ogni settore. Se invece hai dei dubbi o pensi che chi vive con te possa beneficiarne, etichetta i ripiani o i contenitori. Come per la dispensa, posiziona gli alimenti in scadenza davanti per minimizzare gli sprechi.

Vero è anche però che dobbiamo favorire un ordine visivo piacevole per la nostra dispensa e il nostro frigo. In questo caso possiamo agire sulla disposizione o addirittura sul packaging che scegliamo al supermercato. Avremo delle splendide sorprese dagli effetti che riusciremo a ottenere comprando determinati prodotti.

La sottocategoria dei farmaci è molto semplice da gestire: va buttato tutto ciò che è scaduto. Effettuare questa operazione periodicamente è essenziale per sapere su quali farmaci si può contare e ti eviterà brutte sorprese quando andrai in cerca di un farmaco che eri convinto di avere e scoprirai che è scaduto.

Per questa categoria puoi eliminare la scatola se la data di scadenza è riportata sul blister del farmaco stesso. Troverai il bugiardino online.

Oggetti per l'igiene personale

Questa categoria include gli oggetti e i prodotti per la routine di igiene personale che spesso si accumulano nel nostro spazio. Raggruppa tutto davanti a te e comincia.

Anche creme, altri prodotti per l'igiene personale e il trucco hanno una scadenza. Anche qui butta tutto ciò che è scaduto o sta per scadere. Già facendo questa operazione, ti sarai liberato di gran parte di ciò che possiedi. Ricicla i contenitori con la raccolta differenziata.

Esamina attentamente ogni prodotto per l'igiene personale e valuta l'utilità e la frequenza di utilizzo. Scarta i prodotti che non usi più. A questo punto avrai solo ciò che serve alla tua igiene e alla tua bellezza.

In generale è una buona idea, a meno che non sia la tua passione, ridurre la quantità di prodotti. Molte persone tendono ad accumulare una vasta gamma di prodotti per l'igiene personale, spesso acquistati per sperimentare o per seguire le ultime tendenze. Tuttavia, questa sovrabbondanza di prodotti può portare a confusione e spreco. Per me è ad esempio una buona idea trasformare il momento di approvvigionamento in un'esperienza: vado in un'erboristeria di qualità o in negozio di trucchi, magari accompagnata da mia figlia o da un'amica, e compro un'unica tipologia di crema per il viso. Fino a che non è finita, utilizzo solo quella invece di averne tre o quattro per la medesima finalità, che finirebbero per scadere.

Accumula tutto ciò che stai buttando e renditi conto di quanti prodotti potenzialmente dannosi hai appena eliminato dalla tua vita. Ti motiverà a continuare la tua opera di pulizia nel resto della casa.

Come per le altre categorie di oggetti, potrai decidere di disporre gli oggetti liberamente sui tuoi ripiani oppure di riporli in scatole trasparenti o non trasparenti per dare un look più organizzato ai tuoi spazi. Puoi anche optare per la via intermedia di scatole senza coperchio, dalle quali fare spuntare gli oggetti: otterrai un look ordinato ma saprai anche istantaneamente ciò che è contenuto nelle varie scatole.

Biancheria per la casa

Come sempre, raduna e disponi davanti a te tutta la biancheria per la casa che possiedi. Già identificherai dei doppioni o oggetti simili. Chiediti se hai effettivamente bisogno di tutte le lenzuola, gli asciugamani e le tovaglie che hai accumulato nel tempo. Se ne possiedi una quantità eccessiva rispetto alle tue effettive esigenze, è il momento di ridurre.

Quando scegli cosa tenere e cosa eliminare, considera l'utilità e la qualità degli articoli. Se hai biancheria per la casa che non usi più, che è usurata o danneggiata, è il momento di lasciarla andare. Mantieni solo gli articoli di qualità che soddisfano le tue esigenze attuali. Prima di buttare chiediti se puoi tingere un articolo scolorito così da dargli nuova vita, ma se così non è, butta serenamente, anzi utilizza come stracci.

Una volta selezionata la biancheria per la casa da tenere, organizzala per tipologia. Andrai a posizionarla nel luogo più indicato della casa. Per piegarla, ti consiglio vivamente il metodo Marie Kondo: ottieni un rettangolo in grado di stare in piedi da solo e mettilo possibilmente in un cassetto. In poco spazio avrai a disposizione tutta la biancheria che ti serve.

Se hai la tendenza ad accumulare un'eccessiva quantità di biancheria per la casa "di riserva" o "dedicata agli ospiti", considera di limitare il numero di riserve che tieni. Mantieni solo ciò che è ragionevolmente necessario e utile per le tue esigenze quotidiane o occasionali.

Se hai biancheria per la casa in buono stato che non usi più ma che potrebbe essere utile ad altri, considera come sempre la possibilità di donarla a un'organizzazione di beneficenza locale o di riciclarla in modo appropriato. Questo ti consentirà di liberare spazio e aiutare chi ne ha bisogno.

Documenti amministrativi

I documenti amministrativi cartacei sono una categoria che nulla ha a che fare con i sentimenti e quindi dovrebbe essere una categoria semplice ma può anche essere fonte di molta ansia, proprio per la paura di eliminare qualcosa che potrebbe servire.

Il mio consiglio è innanzitutto radunarli tutti in un unico luogo, come abbiamo fatto per tutte le altre categorie. Anche in questo caso, ci accorgeremo di quanta roba vecchia troveremo tra tutte le carte.

Per la conservazione cartacea vigono leggi che definiscono la prescrizione dell'obbligo di conservazione degli atti amministrativi. Il mio consiglio è quindi di buttare tutto ciò che è interessato dai tempi di prescrizione. Già così ti libererai di tutto ciò che effettivamente non ti serve e conserverai solo ciò che sei per legge obbligato a conservare.

Fai una pulizia accurata di tutti i materiali che possiedi: ti accorgerai di aver ancora documenti relativi ad auto o moto che non possiedi più o relativi a immobili che hai venduto. Non esistono regole particolari se non quella di buttare tutto ciò che non sei obbligato a tenere.

Io consiglio di conservare anche le ricevute cartacee dei pagamenti avvenuti, almeno per atti come multe o contestazioni. Mi capita non raramente di ricevere richieste di pagamenti per crediti che ho già estinto e ho la necessità di dimostrare i pagamenti. Conservarli mi permette di dimostrare con facilità l'estinzione del debito e proseguire il prima possibile con il resto della mia vita.

Per la conservazione, la via che consiglio è quella di grandi contenitori ad anelli con buste trasparenti organizzate per categoria. Etichettali con la categoria corrispondente e rendi piacevole il loro aspetto. Consiglio anche di identificare un sistema che ti permetta di gestire con facilità i documenti in arrivo. Io ho due contenitori A4 che mi permettono di essere organizzata: uno chiamato "gestire subito" e l'altro chiamato "archiviare". Entrambi sono deputati ad ospitare ciò che arriva per posta e che non puoi gestire immediatamente, ma idealmente dovrebbero essere sempre vuoti.

Manutieni periodicamente i tuoi documenti cartacei buttando quelli che legalmente non sei obbligato a tenere, creando nuovo spazio per le tue necessità. Ricicla tutto ci che butti nella carta.

Elettronica e tecnologia

La tecnologia informatica che guida l'accumulo di oggetti di elettronica e oggetti tecnologici ha un passo di evoluzione così rapido che conservare tali oggetti non ha alcun senso, se non quello legato a collezionismo o affetto per i quali vale tutto. Non ci sono "forse ne avrò bisogno in futuro" (si tratterà di materiale obsoleto), "forse mi servirà per l'altra casa" (se non ti serve adesso non ti servirà mai più).

Inizia posizionando tutti i dispositivi elettronici e informatici davanti a te. Non entro nello specifico perché i termini che utilizzerei oggi non sono sicuramente gli stessi che si useranno tra un anno. Rimarrò estremamente generica quindi: tutti i supporti per l'archiviazione dei dati, per la ricarica dei device, telefoni e pc, i dispositivi legati a console di gaming, gli oggetti per l'utilizzo del PC come i mouse, materiale legato all'utilizzo delle TV, supporti informatici di altri tipo, ecc.. Tutti questi oggetti invecchiano con estrema rapidità e non vanno conservati per usi futuri.

Inizia il processo di decluttering valutando attentamente le tue esigenze tecnologiche. Chiediti quali dispositivi elettronici fanno parte del tuo stile di vita e quali possono essere ridotti o eliminati. Ad esempio, se possiedi due tablet ma ne utilizzi solo uno, considera di donare o vendere il dispositivo inutilizzato. Se hai dieci cavetti per ricaricare il cellulare con la medesima uscita, provali tutti. Alcuni non funzioneranno. Tienine solo alcuni e butta gli altri.

Elimina gli oggetti obsoleti o non funzionanti in modo corretto e responsabile. Ricorda che l'elettronica contiene componenti dannosi per l'ambiente e non va gettata nella spazzatura generica. Cerca punti di raccolta o programmi di riciclaggio dedicati per smaltirli in modo appropriato.

Un discorso a parte meritano gli oggetti iconici del nostro tempo che tu voglia provare a conservare riponendoli nella scatola originale in attesa che - forse - acquisiscano valore. Qui sconfiniamo nel collezionismo di oggetti vintage che non è l'oggetto di questo libro. Come immagini, non sono di questo partito. Preferisco vivere qui e ora e utilizzare gli oggetti appieno che non collezionarli una volta utilizzati, ma rispetto chi desidera agire in questo modo. Mio marito è una di queste persone e conserva alcuni iPhone, iPod e iMac da lui usati di molti anni fa. Sono certa che lo faccia per ragioni sentimentali, ma la scusa che accampa è quella che hanno grande valore e sempre maggiore lo avranno in futuro. Se guardo ai marketplace dell'usato non posso dargli torto. Temo però che per lui siano dei ricordi sentimentali e che non se ne separerà mai. Quindi io in questi casi preferisco vendere immediatamente o buttare.

Ricorda anche che i dati contenuti nei supporti sono anch'essi deperibili. Ogni tot anni dovrai spostare fisicamente i dati, come le fotografie archiviate sui tuoi supporti divenuti obsoleti su nuovi supporti moderni o sul cloud. Diversamente i file si rovineranno e perderai tutto.

Per sistemarti ti consiglio di utilizzare dei cassetti o delle scatole, possibilmente a più livelli, così da vedere sempre l'intero contenuto a colpo d'occhio. Posizionali nel luogo più appropriato, valutando periodicamente se sia effettivamente quello più adatto.

Ormai hai capito: per effettuare l'eliminazione degli oggetti inutili di qualsiasi categoria, devi sempre riporre tutto davanti a te e iniziare a buttare ciò che non serve, non funziona o non ti rende felice. Alleggerirai il tuo peso e farai un passo importante per una vita più leggera e organizzata.

ELIMINARE E ORGANIZZARE: HOBBY E VARIE

Gli oggetti dedicati al tempo libero hanno e devono avere una funzione specifica ma inevitabilmente ci suscitano emozioni dalle quali dobbiamo stare in guardia. Questi rappresentano infatti una categoria di difficoltà intermedia.

Qualsiasi sia la tipologia di oggetto che stiamo analizzando, vale sempre il principio precedente: mettiamo tutti gli oggetti davanti a noi e iniziamo a valutarli uno per uno, considerando l'utilità che quell'oggetto ha, se è rotto o meno, se funziona bene o meno, se è un doppione o un pezzo unico, se semplicemente non ci dà gioia e non vogliamo usarlo più.

Buttiamo tutto ciò che non serve e lasciamo spazio a nuovi oggetti.

Un punto importante si raggiunge quando riusciamo a buttare in blocco tutti gli oggetti relativi a un hobby o uno sport che ci accorgiamo che non vogliamo praticare più. Sarà fonte di enorme liberazione: capiremo che quel periodo della nostra vita è finito; liberandoci dai relativi oggetti non avremo un costante reminder del fatto che siamo cambiati; avremo nuovo spazio fisico e mentale per dedicarci ad altro.

Riponi tutti gli oggetti dedicati agli hobby, dal tennis alla pittura, nel luogo più appropriato. Ricordati di mettere in discussione questo luogo più appropriato. A seconda della piega che prende la tua vita, anche questo potrebbe cambiare e va valutato periodicamente. Valuta contenitori trasparenti o etichettati per poter conoscere il contenuto senza aprire le scatole.

ELIMINARE E ORGANIZZARE: COMPLEMENTI DI ARREDO

Gli oggetti di arredo fanno parte di una categoria complessa perché hanno l'aggravante - rispetto alle precedenti - che molti ci vengono regalati improvvidamente, li ereditiamo da un profondo passato oppure sono oggetti costosi. In questa particolare categoria quindi si intrecciano aspetti personali ed economici, senza contare che l'arredo è una disciplina complessa, sulla quale molte poche persone hanno cultura o formazione e il rischio di generare mostri è grande.

Approfondirò l'aspetto del legame tra decluttering e interior design successivamente. Per il momento ti basti sapere che devi procedere con questa categoria esattamente come per le altre: raduna davanti a te tutti i vasetti decorativi, le cornici, le candele e in generale tutti gli oggetti nelle varie stanze della casa che possiedi. Renditi conto innanzitutto della loro numerosità e in seconda battuta della loro grande inevitabile eterogeneità.

Prendili in mano uno a uno e considerali per ciò che sono: oggetti che devono decorare, quindi portare bellezza. Se si tratta di un brutto oggetto che ti dà gioia perché legato a te da un ricordo speciale, spostalo di categoria e mettilo tra gli oggetti personali. Lo esaminerai successivamente.

Ti renderai conto che moltissimi di questi oggetti spariranno o cambieranno di categoria. Troverai vasetti di terracotta di anni e anni fa, candele che ti sono state regalate e che non hai mai acceso, e via discorrendo. La loro funzione è rendere bella la tua casa, quindi il criterio estetico è l'unico che devi considerare. Tutto ciò che è brutto e non ti dà gioia deve essere buttato, riciclandolo nel limite del possibile.

A questo punto dividi gli oggetti per colore. Sarà il primo passo per posizionarli nel luogo più appropriato della casa. Più avanti ti darò alcuni semplicissimi consigli per posizionarli al meglio e non ti sembrerà vero che la tua casa possa cambiare così drasticamente aspetto in pochi semplici passi.

ELIMINARE E ORGANIZZARE: LIBRI E RIVISTE

Per me si tratta di una categoria piuttosto complessa da gestire perché personalmente lego il libro, qualsiasi libro, al concetto di crescita personale e tendo a vedere quel libro come parte di me, un oggetto capace di definirmi. La stessa vista della mia intera libreria tende a suggerirmi: "Wow, guarda quante cose ho letto: devo essere veramente colta!". Per alcuni libri questo è sicuramente vero. Vero è anche che di molti dei libri che ho letto non ricordo - inevitabilmente - molto.

Appartengo anche culturalmente a una società e una generazione che basa il sapere sulle biblioteche fisiche. Affondo le mie radici culturali nel sapere conservato nelle biblioteche alessandrine. Il libro è, anche fisicamente, fonte di ispirazione quotidiana. Ai miei tempi si diceva e si dice ancora oggi che i libri mai e poi mai si buttano. Ci sono libri che possediamo che fanno parte del nostro patrimonio culturale e sono capisaldi del nostro modo di essere.

Se questo è senza dubbio vero, è anche vero che ce ne sono molti altri che sono, almeno per noi, insignificanti. Può trattarsi di libri che ci hanno regalato o che abbiamo acquistato e poi non amato e dei quali possiamo liberarci.

Ci sono libri di autori non talentuosi che ci sono capitati in casa; ci sono libri che hanno seguito la moda; ci sono libri che non ci sono piaciuti. Liberiamoci anche dal senso di colpa di buttare qualcosa che non ci piace solo perché è un libro. È chiaro che non lo leggeremo mai se non ci ispira.

Quindi il primo passo per il decluttering dei libri è diverso: prima ancora di disporre i libri davanti a te, rifletti sulla tua relazione personale con i libri e sul motivo per cui li tieni. Considera gli aspetti culturali che ti ho appena elencato e chiediti se sono veri anche per te. Chiediti se hai letto e se hai il tempo e l'interesse di leggere tutti i libri che possiedi. Considera quali libri sono veramente significativi per te e quali potresti lasciar andare senza rimpianti.

E naturalmente anche in questo caso molti libri ti saranno stati regalati da qualcuno a cui vuoi bene ma che non ti è piaciuto e probabilmente non hai mai letto e non leggerai mai. Pertanto lo conservi con fatica. Ebbene, quel libro può sparire da casa tua. Non farti dominare dal senso di colpa.

Passa ora all'azione. Esamina i libri uno per uno. Prenditi il tempo per esaminare attentamente ogni libro e valutarne il valore per te. Chiediti se il libro ti ha davvero arricchito o se potrebbe essere apprezzato da qualcun altro. Se hai letto il libro e non prevedi di rileggerlo o se non ti ha particolarmente colpito, potrebbe essere il momento di separartene.

Ci sono anche altri criteri che vanno considerati, anche per i libri di spessore e valore, come ad esempio l'editore, la qualità del libro materico stesso, la traduzione. Una scarsa traduzione o un'edizione economica non sono da conservare.

Stabilisci criteri di selezione chiari per aiutarti a prendere decisioni più rapide ed efficaci. Ad esempio, potresti decidere di tenere solo i libri che ti hanno profondamente ispirato o che hanno un valore di riferimento per la tua professione. Oppure, potresti preferire conservare solo i libri che rileggi regolarmente o che hanno un valore sentimentale.

Mentre esamini i libri, crea una pila di libri che hai deciso di rimuovere dalla tua biblioteca. Questi libri possono essere venduti, donati a biblioteche, associazioni di beneficenza o a familiari e amici che potrebbero apprezzarli. Assicurati che i libri siano in buone condizioni e pronti per essere passati a qualcun altro.

Se hai una grande collezione di libri fisici e hai spazio limitato, potresti valutare la possibilità di convertire alcuni dei tuoi libri in formato digitale. Ciò ti permetterà di liberare spazio fisico e avere accesso ai tuoi libri in modo più pratico e portatile. Se sei un appassionato di lettura, potresti considerare l'utilizzo delle biblioteche o dei servizi di prestito di libri. In questo modo, potrai godere della lettura di libri senza doverli necessariamente possedere e senza accumularli a casa tua.

Una volta che hai completato il decluttering dei libri, come per tutte le altre categorie, imposta una pratica di revisione regolare per assicurarti che la tua biblioteca rimanga ordinata e ben curata. Ogni tanto, prenditi del tempo per rivedere i libri che hai e considera se ci sono altri libri che potresti eliminare o aggiungere in base ai tuoi nuovi interessi e gusti.

Le riviste seguono un destino simile ma non identico. Le riviste che non hanno pregio e che forse ancora a volte ci capitano per casa devono essere buttate appena passa la settimana o il mese che le interessa. Le riviste di pregio o da collezione possono subire un destino diverso. Sebbene il mio istinto sia quello di eliminarle, alcune persone amano conservarle, come ad esempio fa mio marito con una celebre rivista di cucina. Leggerà mai quelle ricette un'altra volta? Probabilmente no, ma possederle gli dà gioia e lo rende partecipe di qualcosa di più grande di lui, che è ciò che i libri e gli scritti in generale dovrebbero fare.

D'altra parte, il Gabinetto Vieusseux di Firenze è oggi un punto di riferimento culturale mondiale per il fatto di aver conservato riviste tematiche dell'Ottocento. È una buona cosa che questi scritti non siano stati gettati e possano oggi essere valorizzati. E il Vieusseux non è il solo.

Per riporre libri e riviste al loro posto, ti basterà utilizzare il verso della libreria che possiedi. Nella stragrande maggioranza dei casi, ti inviterà a riporre i libri in verticale; alcune richiedono un posizionamento orizzontale o obliquo. Potrai scegliere tu come disporre i libri, a seconda della sensazione che vorrai provare avvicinandoti ai tuoi libri: potrai disporli in ordine alfabetico se desideri sentirti in un'efficiente biblioteca, organizzarli per sezione (narrativa, saggistica, ricette, ecc.) se vuoi sentirti in una moderna libreria, posizionarli in ordine cromatico (sempre dal più scuro al più chiaro) se vuoi sentirti in una stanza arcobaleno. Io personalmente li ho disposti per sezione e, all'interno di ogni sezione, per casa editrice: amo che i libri mi colpiscano con tutti i colori di cui sono capaci, ma in modo libero e non forzato da me. È importante disporre i libri su file singole in modo da non nascondere altri libri dietro di sé che non sarai più in grado di apprezzare se non spostando le file antistanti. Visto che tutti noi possediamo libri piccoli, valuta l'acquisto di una libreria poco profonda che ti permetterà di non sprecare spazio.

ELIMINARE E ORGANIZZARE: OGGETTI PERSONALI E RICORDI DI FAMIGLIA

Eccoci arrivati alla categoria di gran lunga più complessa: quella degli oggetti personali e i ricordi di famiglia. Gli oggetti personali e i ricordi di famiglia hanno un grande valore affettivo e possono rappresentare il legame con il nostro passato e le nostre radici. Tuttavia, nel corso degli anni, è facile accumulare una quantità eccessiva di questi oggetti, che possono creare disordine e appesantire lo spazio vitale e, molto più pericoloso, impedirci di vivere serenamente la nostra vita proprio perché ci schiacciano con i ricordi che suscitano.

Prima di iniziare il processo di decluttering, proprio come hai fatto con i libri, prenditi un momento per riflettere sul valore emotivo degli oggetti personali e dei ricordi di famiglia. Ricordati che un oggetto è un oggetto. Anche se non lo possiederai più, non dovrai cancellare il sentimento di gioia a lui collegato. E sarà una cosa buona, se il peso di vederlo posizionato in casa ti appesantisce. Io, ad esempio, ho compiuto la scelta di non appendere foto in casa. Le ho, le stampo in piccola quantità, le conservo in album fotografici ai quali attribuisco un enorme valore, ma non le espongo. Per quanto siano ricordi meravigliosi, sono anche fonte di malinconia per il tempo che passa.

Prendi tutti gli oggetti che sono ricordi personali e di famiglia e mettili davanti a te. Ti renderai conto subito di una cosa: molti oggetti non significheranno più assolutamente nulla per te. Il loro significato si sarà affievolito o sarà definitivamente scomparso. A questo punto l'unica ragione per conservarli sarà anch'essa scomparsa e te ne potrai liberare.

Questo processo può anche essere molto doloroso: rivivere momenti forti e significativi della nostra vita è emotivamente impegnativo, apprendere che molti dei ricordi che abbiamo considerato importanti non esistono più può essere fonte di dispiacere. Tuttavia, il sollievo e la soddisfazione che proverai liberandoti di alcuni oggetti del passato saranno indescrivibili. Avrai la sensazione di toglierti un peso.

Il passato è la nostra origine ma è spesso anche un fardello che ci portiamo dietro. Liberarsi da alcuni ricordi potrà permetterci di agire più a cuor leggero e vivere la nostra vita senza incappare continuamente in un confronto con il passato. Ripeto: buttare gli oggetti non cambierà la nostra percezione del passato o il ricordo, ma ci permetterà di non tornarci così spesso con il pensiero e di dargli una posizione fissa e non invadente nei confronti del nostro quotidiano.

Lettere, fotografie, vecchi biglietti, disegni. Gli oggetti personali o di famiglia possono assumere le forme più varie. Metti tutto davanti a te ed effettua la tua scelta. Butta ciò che non significa più niente o che ti rende inutilmente triste.

Quando selezioni gli oggetti personali da conservare, cerca di identificare quelli che meglio rappresentano te stesso e la tua storia.

Per ridurre l'ingombro fisico degli oggetti personali e dei ricordi di famiglia, c'è chi consiglia di digitalizzarli acquisendo le fotografie o i documenti importanti in formato digitale. Non è una pratica che mi vede d'accordo: ho provato più di una volta con questa operazione e il risultato è stato pessimo. Era l'oggetto originale a darmi gioia, non la sua trasposizione digitale, che risultava fredda e insignificante. Ho quindi abolito la missione.

La stessa cosa mi è successa cercando di creare un'opera diversa a partire da un oggetto speciale, o di fare un collage fatto di ricordi. Anche in questo caso, pessimo risultato: a darmi gioia non era certo l'oggetto trasformato, ma l'oggetto nella sua forma originale, compreso il contenitore. Il mio consiglio è: non farlo.

Quando hai terminato di selezionare gli oggetti personali, mettili in una scatola e riponili in una zona della casa dove siano valorizzati ma con la quale non interagisci in continuazione, proprio per il peso emotivo che quella scatola contiene.

Accetta di lasciar andare. Il decluttering degli oggetti personali e dei ricordi di famiglia può essere emotivamente sfidante, ma è importante accettare di lasciar andare ciò che non è più significativo per te. Ricorda che i ricordi sono nella tua mente e nel tuo cuore, e non necessariamente negli oggetti stessi. Concentrati sulle emozioni che gli oggetti ti hanno fatto provare e libera spazio per nuove esperienze.

ANNA. AZIONE E CONNESSIONE CON I PROPRI OGGETTI.

Prima di iniziare le operazioni di decluttering, Anna prese il suo tempo per esaminare attentamente ogni stanza e definire i suoi obiettivi specifici. Voleva liberarsi delle cose inutili e organizzare gli oggetti rimasti in modo da renderli facilmente accessibili quando ne aveva bisogno. Armata di scatole per la raccolta differenziata, sacchetti per i vestiti da donare e un'infinità di etichette, Anna iniziò il suo viaggio verso un ambiente più ordinato.

Decise di iniziare con gli oggetti relativi alla cucina, poiché era l'ambiente in cui passava gran parte del suo tempo e aveva bisogno di più ordine e funzionalità. Iniziò con i suoi utensili, selezionando quelli che realmente usava e mettendo da parte quelli che non avevano una funzione specifica. Scoprì che possedeva più forbici di quante ne avesse bisogno, anche se non riusciva a trovarle, e decise di tenere solo le migliori.

Man mano che procedeva, Anna si rese conto che il decluttering non era solo una questione di liberarsi delle cose, ma anche di fare scelte consapevoli su ciò che voleva conservare. Era una sensazione alla quale non aveva mai fatto caso ma che era molto piacevole.

Dopo aver completato la cucina, Anna passò alla selezione dei prodotti per l'igiene personale e i farmaci. Scoprì che aveva accumulato molti prodotti scaduti e di cui non aveva più bisogno, ma era anche grata di aver trovato alcuni oggetti che le erano cari, come un vecchio profumo regalatole anni prima da un caro amico.

Man mano che avanzava nel processo, Anna sperimentava una sensazione di liberazione e leggerezza. Ogni oggetto che lasciava andare le dava spazio per respirare e per apprezzare ciò che veramente contava nella sua casa. Sentiva di avere più controllo e questa sensazione la motivava a continuare.

Arrivò agli abiti. Seduta sul letto, Anna si trovava circondata da montagne di vestiti. Era sorpresa di vedere quanti capi avesse accumulato nel corso degli anni. Iniziò a prenderli uno per uno e a valutarli. Mentre Anna affrontava il processo di selezione, si rese conto che alcuni capi le davano ancora gioia e le erano utili, mentre altri erano diventati solo oggetti inutili che occupavano spazio nel suo armadio. Scoprì anche di possedere, tra le altre cose, dodici top neri, otto canottierine bianche, sei gonne di jeans (mai messe negli ultimi cinque anni), nove sciarpe di colori simili. Anna decise di essere sincera con se stessa e di liberarsi di quei vestiti che non le importavano più, che non indossava da molto tempo e di eliminare molti dei capi doppi che non possedeva. Si rese conto che aveva comprato molti di quei capi doppi solo perché non si ricordava di possederne già di simili e si biasimò per questo: non doveva risuccedere in quanto era uno spreco di soldi e un consumo inutile. Rimosse invece rapidamente il senso di colpa nel volersi disfare di oggetti che le erano stati regalati e che non rispecchiavano più il suo stile o il suo gusto personale (anzi non lo avevano mai rispecchiato). Prese l'impegno di donare o vendere questi capi per farli trovare una nuova casa e fare spazio per ciò che realmente amava indossare.

Quando finalmente concluse anche la selezione dei vestiti, Anna sapeva di avere affrontato le categorie più facili e stava per entrare in territorio più delicato: gli oggetti personali e i ricordi di famiglia. Sapeva che avrebbe dovuto affrontare alcuni oggetti che le erano cari ma che ormai non avevano più uno scopo pratico nella sua vita.

Con un po' di apprensione, Anna iniziò a selezionare questi oggetti, sparsi ovunque nella casa in forma di portafoto, piccole decorazioni, gingilli i più diversi, soprammobili. Trovò vecchie foto, biglietti di eventi speciali e regali da amici che non vedeva più. Decise di creare una scatola dei ricordi in cui conservare solo gli oggetti più preziosi, in modo da poterli rivedere di tanto in tanto senza doverli tenere sparsi per la casa a occupare visivamente l'intero spazio e riportarla indietro nel tempo quando non era il caso.

Eliminando gli oggetti fisici fece molto spazio nella stanza degli ospiti, dove a parte il divano letto volle eliminare tutti gli altri elementi d'arredo e creare una zona vuota: era il luogo ideale per fare ginnastica o praticare yoga o meditazione. Il giorno successivo acquistò una campana tibetana che da tanto aveva idea di procurarsi. Lo fece entrando in uno splendido negozio orientale che non aveva mai avuto occasione di frequentare. Liberò anche una zona nello studio dove finalmente poté disporre in maniera organizzata i materiali per il disegno, la sua passione, così da potercisi dedicare in maniera semplice e ogni volta che voleva.

Il processo di decluttering di Anna continuò per diverse settimane, ma alla fine riuscì a riorganizzare completamente la sua casa. Ogni stanza rifletteva ora la sua personalità e lo spazio era stato ottimizzato per renderlo funzionale e accogliente.

Guardandosi indietro, Anna si rese conto che il decluttering non era stata solo una questione di riordinare la casa, ma di riordinare la sua mente e la sua vita. Aveva imparato a compiere scelte precise su ciò che entrava nella sua casa e questo l'aveva resa più consapevole di se stessa e delle sue vere esigenze. Ora, con una casa ordinata e una mente chiara, Anna si sentiva più pronta ad affrontare sfide ancora nuove.

Il viaggio di Anna nel decluttering e nella riorganizzazione fu un successo. Ogni volta che entrava in una stanza della sua casa, si sentiva leggera e serena. Aveva fatto spazio per ciò che realmente amava e che le portava gioia, liberandosi di tutto il superfluo. I suoi spazi erano organizzati in modo pratico e piacevole alla vista. Inoltre, Anna si rese conto che il processo di decluttering aveva avuto un impatto positivo anche sul suo stato emotivo. Si sentiva meno stressata e più concentrata.

TERZA PARTE: FINALIZZARE IL DECLUTTERING

OGNI STANZA È DIVERSA

Fatti un applauso (e datti un abbraccio): hai fatto un lavoro immenso. Ti ci è voluto tempo ma sei riuscito ad affrontare tutti gli oggetti della tua casa eliminando il superfluo e organizzando tutto nel migliore dei modi. Ora senti che molto del peso che avevi in casa si è magicamente sollevato e hai più spazio di manovra e libertà nelle tue scelte. Si tratta di una sensazione fantastica, vero?

A seconda delle categorie che hai scelto, avrai finalizzato alcune stanze prima di altre, concludendo con quella che ospita i tuoi ricordi personali. Ora farò una rapida ricognizione stanza per stanza, così da darti alcuni consigli su come dovrebbero essere percepite al termine della riorganizzazione.

Cucina: semplicità e funzionalità

La cucina è uno dei luoghi più frequentati della casa e spesso diventa una zona in cui si accumulano oggetti inutilizzati, utensili duplicati e ingredienti scaduti. Ora che li hai eliminati tutti uno per uno avrai molto più spazio a disposizione per riorganizzare e rendere la cucina ancora più piacevole. La cucina è il centro della casa, dove ci relazioniamo con gli altri essendo al contempo operativi. Da questa stanza desideriamo funzionalità e vivacità.

Il decluttering della cucina renderà anche la preparazione dei pasti più piacevole (cosa della quale ho profondo bisogno) ed efficiente. Mantenendo un ambiente ordinato e funzionale, potrai concentrarti sulla creatività culinaria e goderti al massimo il tempo trascorso nella tua cucina.

In cucina possono esistere anche altri oggetti, come arredi di piccole dimensioni. Una volta sistemati gli utensili e il cibo, prevalenti in cucina, avrai fatto la stragrande maggioranza del lavoro riguardo questa stanza e avrai finalizzato la sua riorganizzazione posizionando alcuni arredi chiave.

Parlando di cucina, ti consiglio di creare in questa stanza (o nelle immediate vicinanze sul terrazzo o sul balcone) un sistema di smaltimento rifiuti efficace. Utilizza contenitori per la raccolta differenziata dei rifiuti, come plastica, vetro, carta e soprattutto organico.

Il bagno: un'oasi di pulizia e semplicità

Il bagno è uno spazio essenziale nella nostra casa, ma spesso tende ad accumulare oggetti, prodotti di bellezza e accessori inutilizzati. Deve essere invece un luogo il più libero possibile per dare senso di pulito, semplicità e armonia.

Ti consiglio di liberare al massimo lo spazio sulle superfici, evitando di posizionare o lasciare oggetti sparsi sul lavandino o sul piano di lavoro. Riduci al minimo gli oggetti decorativi e lascia spazio solo per quelli che donano un senso di calma e relax. Le piante, vere o finte che siano, sono perfette a questo scopo.

Riduci al minimo anche gli asciugamani. Lascia visibili solo quelli che stai effettivamente usando e mettili da lavare appena sono sporchi.

Il soggiorno: il focolare della casa

Il soggiorno è il luogo in cui ci riuniamo con la famiglia e gli amici per rilassarci e socializzare. Da questa stanza desideriamo calma e armonia. Proprio perché è la zona in cui trascorriamo il tempo libero, può facilmente accumulare libri, giocattoli e altri elementi che possono creare disordine visivo e ridurre il senso di calma e armonia.

Dopo aver disposto al meglio libri, forse i ricordi e altri elementi, finalizza la stanza con gli oggetti decorativi. Posiziona quelli che contribuiscono all'atmosfera che desideri creare. Ricorda che "meno è più" quando si tratta di decorazioni.

Mantieni i mobili del soggiorno i più liberi possibile. Riduci al minimo gli oggetti che lasci sul tavolino, come telecomandi, occhiali o chiavi. Utilizza scatole o cestini decorativi per contenere piccoli oggetti. Mantieni solo gli oggetti che utilizzi regolarmente a portata di mano e anche questi dentro appositi contenitori visivamente piacevoli.

Sfrutta gli spazi di archiviazione: se il soggiorno dispone di mobili con spazi di storage, come credenze o librerie, utilizzali in modo funzionale. Organizza gli oggetti in modo ordinato, utilizzando scatole o contenitori per separarli per categoria. Etichetta gli spazi di archiviazione in modo da sapere cosa contengono senza doverli aprire tutti.

Anche se il tuo soggiorno non è grande, considera la possibilità di creare zone specifiche per attività come la lettura, il gioco o la visione dei film, dove posizionerai i relativi oggetti.

Dopo aver completato il decluttering del soggiorno, imposta una routine di pulizia regolare per mantenere l'ordine e la pulizia dello spazio.

Il decluttering del soggiorno ti consentirà di creare uno spazio invitante e confortevole, in cui potrai goderti momenti di relax e condivisione con i tuoi cari.

La sala studio: concentrazione e creatività

La sala studio è un luogo dedicato all'apprendimento, al lavoro e alla creatività.

Dovrai assicurarti di averi rimosso gli oggetti non correlati all'attività di lavoro e studio. È vitale assegnare un posto specifico a ciascun oggetto in modo da poterlo trovare rapidamente quando ne hai bisogno ed etichettare i contenitori per rendere ancora più facile l'individuazione degli oggetti.

Oltre a mantenere la sala studio organizzata, crea uno spazio di ispirazione che stimoli la tua creatività e la tua motivazione. Puoi aggiungere elementi i decorativi che ti ispirano come quadri, piante, fotografie, citazioni, oggetti vari che rappresentano i tuoi interessi o le tue passioni. Tuttavia, fai attenzione a non sovraccaricare lo spazio, mantenendo un equilibrio tra funzionalità e ispirazione.

Dopo aver completato il decluttering nella sala studio, imposta una routine di pulizia regolare per mantenere l'ordine e la pulizia dello spazio dalla polvere. Nella gestione quotidiana, mantieni la scrivania libera da disordine. Una sala studio pulita e ordinata favorisce la concentrazione e la produttività.

Non è escluso che - come avviene in molte case - la stanza sia utilizzata anche per altre attività come il gioco dei bambini o la zona per accogliere ospiti.

Ad esempio, se la sala studio è anche utilizzata come sala giochi per i bambini, separa e organizza gli oggetti separatamente nelle varie aree della stanza.

La stanza degli ospiti: privacy e relax

La stanza degli ospiti è un luogo dedicato ad accogliere amici e parenti in visita. Tuttavia, è facile cadere nella trappola di utilizzare questa stanza come deposito per oggetti inutilizzati o in attesa di valutazione. Questa cosa va evitata accuratamente.

Definisci con chiarezza lo scopo della stanza (fornire un ambiente confortevole per chi viene a trovarti) ed evita accuratamente di trasformarla in una sala di stoccaggio o in una stanza multiuso. Potrai senza dubbio dedicare la stanza a più usi, ma senza perdere di vista il suo scopo primario. Nella nostra stanza degli ospiti convivono gli strumenti musicali e gli attrezzi per stirare, ma l'aspetto è sempre quello di una stanza per gli ospiti dove regnano colori e arredi rilassanti.

La stanza degli ospiti dovrebbe essere un luogo neutrale e privo di oggetti personali che potrebbero creare distrazioni o mettere gli ospiti a disagio. Se la stanza degli ospiti dispone di spazi di archiviazione, come armadi o cassetti, utilizzali in modo funzionale. Dedica un'area specifica a lenzuola, asciugamani o coperte extra per gli ospiti.

Dopo aver completato il decluttering nella stanza degli ospiti, assicurati che la stanza sia sempre pronta per accogliere gli ospiti senza dover affrontare l'onere di spostare oggetti o sistemare disordine all'ultimo minuto.

La stanza da letto: rifugio e pace

La zona notte, in particolare la camera da letto, deve essere un luogo di riposo e tranquillità e il posto in cui trovare gli abiti per affrontare la giornata che ti aspetta o dove riporli prima di addormentarti.

Dedica attenzione al tuo comodino, lasciandolo il più possibile libero. Mantieni solo gli oggetti inevitabili come occhiali o orologio e quelli che ti offrono comfort e praticità durante la notte, come un bicchiere d'acqua o una lampada.

Avrai conservato, dal tuo decluttering, solo le lenzuola e i copripiumini che ti trasmettono pace e relax. Userai quelli per creare l'effetto visivo desiderato per la tua stanza.

Presta attenzione all'ordine visivo nella tua zona notte. Posiziona con cura arredi e ricordi senza sovraccaricare lo spazio.

Ora che hai finalizzato la tua casa, festeggia: hai completamente rinnovato i tuoi oggetti e il tuo spazio e ti prepari a vivere una vita più organizzata ed efficiente. Hai fatto un ottimo lavoro: sono fiera di te!

Sicuramente, visto che ogni casa è diversa, la tua casa avrà degli spazi o dei luoghi particolari che non sono riuscita a coprire con questa mia analisi. Anche se non potrò essere esaustiva, voglio proseguire prendendo in considerazione alcune stanze, categorie di oggetti o situazioni particolari che è bene tu conosca, per la tua casa attuale o futura.

DECLUTTERING NELLA STANZA DEI BAMBINI: CREARE UNO SPAZIO DI GIOCO ORDINATO E STIMOLANTE

La stanza dei bambini è un luogo speciale, un luogo dove le nostre splendide creature possono esprimere la loro creatività, giocare e imparare. Tuttavia, spesso questa stanza diventa rapidamente disordinata e caotica a causa dei numerosi giocattoli, libri e oggetti presenti.

La prima cosa da considerare nell'operare il decluttering di questa stanza che i tuoi figli rendono così speciale è che si tratta di uno spazio che appartiene a loro. Sono loro che dovranno utilizzarla ed è quindi essenziale condividere con (o far decidere a loro) cosa buttare e cosa tenere e come disporlo.

Prima di iniziare il decluttering della stanza dei giochi, coinvolgi dunque i bambini nel processo. Spiega loro l'importanza di avere uno spazio pulito e ordinato per giocare e chiedi loro di aiutarti a selezionare i giocattoli da tenere e quelli da donare o eliminare. Questo li aiuterà a sviluppare un senso di responsabilità e apprezzamento per l'ordine, oltre che a coltivare la generosità verso chi potrebbe fare un uso più intenso dei loro giochi.

Estraete tutti i giochi dai contenitori e dagli armadi e riponeteli nel centro della stanza. Già questo fatto riempirà i bambini di gioia! Si ricorderanno di giochi che avevano dimenticato, inizieranno a giocare con cose per le quali erano troppo piccoli, vivranno un momento di assoluta esaltazione. I bambini cambiano di continuo. Così deve fare la loro stanza dei giochi. Apprezzeranno rapidamente nuove cose e vorranno cambiare la natura di ciò che li circonda. A casa mia la stanza dei bambini è quella che cambia con maggiore frequenza e ogni volta è una festa e una sorpresa.

Ora mettiti a fianco dei tuoi bambini e invitali a valutare ogni gioco uno per uno.

Eliminate i giocattoli rotti o incompleti dalla stanza dei giochi. Questi oggetti sicuramente abbonderanno anche a casa tua. Possono occupare spazio inutilmente e ridurre il piacere del gioco. Se possibile, ripara i giocattoli danneggiati, altrimenti semplicemente buttali. Assicurati che i giocattoli rimasti siano sicuri e in buone condizioni.

Limitate il numero di giocattoli. Un eccesso di giocattoli può facilmente portare alla confusione e al disordine. Riduci insieme ai tuoi bambini il numero di giocattoli presenti nella stanza dei giochi, mantenendo solo quelli che sono amati e frequentemente utilizzati. Puoi anche considerare l'idea di rotazione dei giocattoli, ossia conservarne alcuni in contenitori chiusi o nascosti e scambiarli periodicamente con quelli accessibili. In questo modo, i bambini potranno godere di giocattoli "nuovi" senza che la stanza diventi sovraccarica.

Tieniti pronto. Ogni volta i che i tuoi bambini decideranno di buttare un gioco sarà per te - se sei come me - un colpo al cuore. Da un lato sarai felice di liberarti di qualcosa che non serve più, dall'altra capirai che i bambini stanno crescendo. Ma preparati a questo fatto in senso positivo: stanno liberando spazio ed energie per accogliere nuove esperienze e imparare divertendosi con nuove cose e nuovi stimoli. Ogni vuoto che fai sarà presto riempito da un nuovo entusiasmante oggetto.

Organizza la stanza dei bambini creando zone di stoccaggio specifiche per le diverse categorie di giocattoli o di libri. Oltre alla zona letto, ad esempio, puoi avere una zona per le costruzioni, una zona per le bambole, una zona per i peluche. Utilizza scaffali, cassetti, ceste o scatole trasparenti per organizzare i giocattoli in modo ordinato e facilmente accessibile. Coinvolgi senza dubbio i tuoi bambini in queste decisioni: si divertiranno molto.

Se nella stanza sono presenti libri e materiali artistici come matite, colori e carta, assicurati di organizzarli in modo appropriato. Prova tutti i pennarelli (questa attività diverte molto le mie bambine) e butta quelli scarichi. Ricicla i fogli di carta consumati senza particolare arte su entrambe le facciate.

Sia per i giocattoli che per i materiali, ti consiglio scatole trasparenti che ti permettano ma soprattutto permettano ai bambini di vedere all'interno e di scegliere in autonomia con cosa giocare.

Create un'area per il disegno e l'arte. Se i bambini amano disegnare e fare attività artistiche, crea un'area dedicata a queste attività nella stanza dei giochi. Fornisci un tavolo o una scrivania con spazio sufficiente per lavorare comodamente. Organizzate i materiali artistici in modo accessibile, ad esempio con dei vassoi o contenitori divisi per categorie. Assicurati di avere una superficie facilmente lavabile per evitare danni irreparabili.

Utilizza scaffali, librerie o contenitori trasparenti per riporre i libri in modo ordinato. In questo caso l'ordine cromatico premierà perché verrà vissuto come un gioco e un apprendimento dai bambini.

Ogni alcuni mesi proponi ai tuoi figli il gioco del decluttering. Le mie bambine lo amano molto: possono guardare tutti i loro giochi e liberarsi da ciò che non amano più, trovando nuovo spazio a disposizione. Lo vivranno effettivamente come un gioco e avranno nuovi spazi da riempire creativamente nella propria stanza. Se i tuoi bambini faranno come le mie, saranno felici e sollevati ogni volta che uscirà un sacco di giochi da donare da camera loro: saranno felici di sapere che hanno reso felici qualcun altro, sviluppando la generosità. Spiega loro l'importanza del riciclo e del ridurre l'impatto ambientale.

Promuovi il riordino regolare: insegna ai bambini l'importanza di riporre i giocattoli dopo aver giocato. Fai in modo che sia un'abitudine naturale per loro riporre i giocattoli nei loro rispettivi posti alla fine del gioco.

Mentre fai pulizia nella stanza dei bambini, sottolinea l'importanza di mantenere un equilibrio tra spazio vuoto e spazio occupato. Non riempire ogni angolo della stanza con oggetti o arredi, ma lascia spazi liberi che permettano ai bambini di muoversi e utilizzare la loro immaginazione.

Il decluttering della stanza dei giochi non solo aiuterà a creare un ambiente più ordinato e funzionale, ma darà anche ai bambini la possibilità di giocare e apprendere in modo più concentrato e creativo. Ricorda che il decluttering deve essere un processo graduale e che deve coinvolgere i bambini in modo positivo, rispettando anche le loro preferenze e interessi.

Invitare i bambini a operare in prima persona il decluttering facendolo vivere come un gioco è molto più efficace che imporre di pulire o sistemare la stanza, magari offrendo ricompense (come facevo io all'inizio). Provare per credere. Ora le mie lo fanno spontaneamente e me ne parlano con orgoglio.

ORGANIZZARE IL GIARDINO: ARMONIA NATURALE E SPAZI FUNZIONALI

Un giardino ben curato e organizzato può trasformare l'aspetto e la funzionalità di un'intera proprietà. Il decluttering del giardino è un processo essenziale per creare uno spazio esterno accogliente, rilassante e in armonia con la natura, dove svagarsi, riflettere, rigenerarsi. Ti consiglio di seguire il ritmo della natura e l'armonia naturale del tuo spazio verde, ponendo al suo interno oggetti che vi si adattano, e non viceversa forzando il giardino ad adattarsi alle tue scelte di stile. Seguirai il flusso della natura e farai molta meno fatica.

Prima di iniziare il decluttering del giardino, prenditi del tempo per valutare le dimensioni, la forma e le caratteristiche del tuo spazio esterno. Identifica le zone che richiedono maggior attenzione, come l'area del prato, le aiuole, il patio o la zona per il compostaggio. Questo ti aiuterà a pianificare meglio il processo di decluttering.

Un giardino è come una tela bianca e tu sei il pittore. Sei tu che stabilisci ciò che dovrà mostrare il dipinto e le possibilità sono infinite. Qui non parleremo di garden design ma ti assicuro che dopo il decluttering ti verranno in mente mille idee per modificare anche in maniera sostanziale il tuo giardino.

Anche in giardino dovrai operare come sempre. Raduna tutti gli oggetti per il giardinaggio, dagli attrezzi da lavoro ai vasi in un unico punto e inizia a considerarli uno per uno. Senza dubbio rimuovi gli oggetti rotti o non funzionali o quelli che non utilizzi più. Possono includere mobili da giardino danneggiati, attrezzi arrugginiti, vasi di fiori rotti o oggetti decorativi che non rispecchiano più il tuo stile. Eliminare questi oggetti libererà spazio e permetterà di concentrarsi su ciò che è davvero importante, oltre che a conservare solo elementi con uno stile omogeneo e piacevole per te.

Ora parti organizzando gli attrezzi da giardino. Sono fondamentali per il mantenimento e la cura del tuo spazio verde e, diversamente dagli arredi, non dovrebbero avere particolari legami con i tuoi sentimenti. Assicurati di avere un'area dedicata per riporre gli attrezzi in modo ordinato e accessibile. Utilizza un capanno, una cassapanca o appendi gli attrezzi su una parete, in modo che siano facilmente raggiungibili quando ne hai bisogno. Anche in questo caso, a seconda degli attrezzi che stai sistemando, trova un sistema per avere una visibilità completa su quello che possiedi. Organizza gli oggetti piccoli in contenitori della dimensione adeguata in modo da avere sotto controllo tutto ciò che possiedi per il giardino. Prosegui con i vasi e con tutti gli altri materiali presenti in giardino, fino a raggiungere la quantità giusta per te.

Poiché molti giardini, soprattutto in città, non eccedono nelle dimensioni, è utile trovare degli espedienti per conservare gli oggetti da giardino in modo funzionale senza occupare troppo spazio. Utilizzare lo spazio verticale è anche in questo caso una buona opzione, sempre che il vento non sia un problema nel vostro giardino. Io personalmente trovo molto utili gli armadi da esterno, soprattutto a saracinesca, che permettono di conservare moltissimi oggetti proteggendoli dai fattori atmosferici, e le cassapanche, che pure offrono protezione ma anche sedute. Per le cassapanche, la disposizione degli oggetti sarà analoga a quella dei cassetti ma la loro profondità potrà richiedere che tu utilizzi un separatore intermedio, in modo da avere due strati di oggetti. Sollevando il primo, dovrai poter vedere tutto ciò che sta nel secondo.

Se hai la fortuna di possedere una casetta per gli attrezzi, dovrai trattarla esattamente come una casa vera e propria, o come una stanza della tua casa. Entrando o aprendo la porta dovrai trovarti in un ambiente accogliente e funzionale, pulito e organizzato. Tutto dovrà essere al suo posto ed essere utilizzato con comodità.

Ora che hai terminato con gli oggetti e li hai riposti ordinatamente, taglia il prato e riduci l'eccesso di vegetazione. Come ho accennato, non parlerò qui di tecniche di potatura o di garden design. Certamente però ti posso dire che un giardino nel quale l'eccesso di vegetazione viene eliminato ti darà istantaneamente un senso di sollievo, di respiro e di chiarezza. La natura è generosa e ciò che tagli ricrescerà. Solo una volta che avrai creato spazio, fisico e mentale, potrai capire come vuoi che il tuo giardino appaia e decidere come organizzare le zone e dove posizionare nuove piante.

Anche se non sei un giardiniere, elimina le piante morte o malate e lascia solamente le piante in salute, pota gli alberi a basso fusto, gli arbusti e le piante rampicanti per mantenerle in salute e controllarne la crescita. Rimuovi le piante infestanti che competono con le tue piante preferite per l'acqua e i nutrienti. Dove non arrivi tu arriverà un professionista, ma dai tu l'impostazione al tuo spazio verde eliminando ciò che vedi già chiaramente che è in eccesso, senza fare danni. A questo punto ti saranno ben visibili le zone nelle quali possono vivere altre piante.

Spostare le piante in salute non è quasi mai una buona idea, ma nel corso del decluttering o del redesign del tuo giardino, potresti accorgerti che alcune piante si trovano in posizioni sbagliate rispetto al tuo nuovo progetto. In quel caso informati sul momento dell'anno ideale per spostare e portale nella loro nuova posizione. Quando prenderai le nuove piante per il tuo giardino, ti consiglio di immaginare l'effetto generale finale del tuo giardino in fiore. Desideri un giardino colorato e variegato o vuoi un colore dominante declinato in fiori di vario tipo? Vuoi fiori grandi o fiori piccoli? Fai i tuoi acquisti di conseguenza e ricorda che le piante sono acquisti pesanti: stai comprando un essere vivente e non potrai disfartene solo perché non ti piace più. Nei suoi confronti hai una responsabilità. Quindi valuta bene quale fiore o pianta acquistare e il luogo in cui posizionarla. Infine, considera di utilizzare degli elementi di separazione per definire i confini delle aiuole e mantenere un aspetto ordinato nel giardino.

Nel mio giardino, ad esempio, ho voluto creare un effetto magico che mi facesse sentire come in Alice nel Paese delle Meraviglie, ma senza esagerare con i colori. Ho anche voluto creare una zona per il pranzo e una per il gioco e la corsa delle mie bambine. Per questo ho posizionato un tavolo, allungabile in caso di feste, nella zona più vicina alla casa e liberato da tutte le piante a basso fusto il resto del giardino così da creare un'area aperta dove correre. In questa zona è presente un grande nespolo, al quale ho appeso un'altalena. Ho posizionato i fiori tutt'intorno, scegliendo ibiscus, clematidi, agapanti e passiflore. Ho piantato i fiori color rosa e viola da un lato e color giallo e arancione dall'altro. In estate, quando sbocciano, i fiori sono giganteschi e ben più alti delle mie bambine, che sembrano delle piccole Alici in cerca di avventura.

Il giardino è la zona di svago per definizione delle nostre abitazioni: utilizza il decluttering del giardino per creare zone funzionali e accoglienti. Vuoi che ci sia una zona gioco? Una zona dedicata allo sport? Una zona per pranzare o cenare? Una zona dedicata solo ai fiori? Immagina a come puoi utilizzare il tuo spazio esterno, compi una scelta e organizza gli elementi di conseguenza. Quindi, se hai spazio, suddividi il giardino come faresti con una stanza interna identificando delle zone funzionali: crea un'area per il relax con sedie comode, una sdraio, un'amaca, un'area per il pranzo con un tavolo e delle sedie, e un'area per i giochi o altro. Organizza gli elementi in modo da facilitare il passaggio e rendere il tuo giardino un luogo invitante per te e per i tuoi ospiti.

Seguendo questi suggerimenti, potrai creare uno spazio esterno rigenerante e armonioso per godere appieno della bellezza della natura e trascorrere momenti piacevoli all'aria aperta.

CANTINE, GARAGE, SOFFITTE: ARMI A DOPPIO TAGLIO

I luoghi di servizio e di stoccaggio come cantine, garage e soffitte sono spazi che spesso vengono trascurati quando si parla di decluttering, ma sono luoghi che, se da un lato possono aiutare, dall'altra sono trappole pericolosissime nelle quali non dobbiamo cascare: essendo in grado di accumulare una grande quantità di oggetti, invece che agire come nostri alleati nell'organizzazione della casa, ci pugnalano alle spalle diventando luoghi di accumulo e disordine. Gli oggetti che conservano rimangono per lo più nascosti ai nostri occhi. Quindi finiscono per essere dimenticati e intanto occupano inutilmente spazio sui nostri metri quadri. Anche se ce li siamo dimenticati, continueranno a pesare sul nostro cervello e sulle nostre energie. Avrai capito che questi luoghi non possono diventare il ricettacolo di ciò che non desideri avere nelle stanze di casa, né essere luoghi di valutazione temporanea. Come abbiamo visto nei capitoli precedenti, quando avrai considerato i vari oggetti della tua vita categoria per categoria, avrai tirato fuori anche quelli che si trovavano in cantina o in soffitta o in garage. Pertanto, al termine del decluttering, idealmente questi spazi saranno vuoti. Quindi a cosa servono, ora che abbiamo abbracciato il decluttering?

Il consiglio che ti do è di considerarli esattamente come qualsiasi altra stanza della casa, ovvero una stanza con uno scopo. Difficilmente io mi rassegno all'idea che una soffitta sia solamente una soffitta dove riporre degli scatoloni con oggetti che non uso. Se li possiedo e non li uso, significa che sono dei ricordi e li terrò altrove in casa, non certo relegati in soffitta. Stessa cosa per la cantina.

Se questi locali sono di facile accesso e sani ma non vivibili, senza dubbio posso riporvi attrezzatura che utilizzo annualmente, come gli sci o l'attrezzatura per le immersioni, oppure oggetti che non si utilizzano molto di frequente come gli attrezzi e il materiale per il bricolage. Se invece, come me, non possedete una cantina o un garage, vi consiglio nella maniera più assoluta di non sacrificare una stanza della casa come magazzino ma di trovare il modo di riporre tutti gli oggetti che avete e che dovete conservare anche se non li usate di frequente nel modo più funzionale possibile.

Se invece il garage, la soffitta o la cantina - magari taverna in questo caso - fossero dei locali vivibili, cioè sani e con abbastanza spazio, il consiglio che do è quello di trattarli esattamente come una stanza, cioè un luogo dove puoi svolgere delle attività. Per esempio, puoi posizionarvi un banco per il bricolage o per svolgere lavoretti, allestire uno spazio per dipingere o svolgere hobbistica che provoca sporco. A questo proposito, organizza e ottimizza lo spazio: una volta che hai eliminato gli oggetti superflui e questi spazi si saranno svuotati, è il momento di organizzare ciò che rimane in modo efficiente, procedendo come abbiamo sempre visto.

Utilizza scaffali, casse o mobili a misura o coerenti nell'aspetto per creare un effetto piacevole e accogliente. Valuta un investimento in questo senso rispetto a utilizzare vecchi mobili che darebbero un senso di disorganizzazione solo guardandoli. Utilizza scatole e contenitori che conservino al meglio gli oggetti se si tratta di locali umidi o caldi. Etichetta le scatole in modo chiaro e sistematico per rendere più facile la ricerca degli oggetti quando ne hai bisogno. Assicurati di mantenere uno spazio libero per il passaggio e la facilità di accesso.

Sii estremamente selettivo nel determinare quali oggetti meritano di essere conservati in questi spazi. Devono essere oggetti che utilizzi ancora anche se non quotidianamente e non oggetti dai quali non hai il coraggio di separarti.

Ecco le cose che cantine, soffitte e garage NON devono diventare:

- Luoghi di archiviazione temporanea. Non possono in nessun modo essere utilizzati come aree di transizione per gli oggetti che non sei sicuro di voler eliminare definitivamente. Decidi subito se conservare un oggetto sul quale sei in dubbio. Anzi, ti rivelo un segreto: se sei in dubbio, molto probabilmente va eliminato. Non esistono "temporaneamente" o "per ora" e non esistono limiti di tempo entro i quali dovrai decidere se separarti o no dall'oggetto. Questo meccanismo non farà che appesantirti ulteriormente e aggiungere un elemento a tutte le altre cose che devi fare.
- Terreno di prova per la separazione. Questi luoghi non possono in nessun modo fungere da banco sperimentale per dimostrare a te stesso che puoi separarti da certi oggetti. Se desideri separartene, fallo. Non hai bisogno di un sistema che provi che puoi viverne senza. Sei tu che decidi se vuoi un determinato oggetto nella tua vita oppure no.

La cantina, il garage e la soffitta possono essere trasformati in spazi funzionali e organizzati. Liberare questi luoghi da oggetti che non ti servono e creare ordine al loro interno ti consentirà di utilizzarli al meglio, di sfruttare appieno il loro potenziale e di vivere e agire anche in questi locali. Otterrai il fantastico risultato di aggiungere stanze alla tua casa senza spendere un euro.

UNA RIORGANIZZAZIONE DIVERSA PER TIPOLOGIA DI ABITAZIONE

Nonostante i principi siano i medesimi, il decluttering si concretizza in maniera leggermente diversa a seconda della tipologia di casa a disposizione.

Appartamento: ottimizzazione degli spazi e luminosità

Vivere in un appartamento significa avere, tendenzialmente, spazi più limitati. La creatività non ci deve mancare nell'utilizzare al meglio ogni metro (se non centimetro) disponibile. E pochi centimetri possono fare la differenza per farci identificare, sul mercato, i mobili perfetti per ospitare i nostri oggetti.

Mai come per gli appartamenti, soprattutto quelli con spazi limitati, lavorare per zone è la strategia vincente. A seconda delle attività che svolgi, considera, per ogni stanza, più zone nelle quali suddividerla. Organizzerai gli oggetti opportuni posizionandoli nella zona nella quale li utilizzi e poi, nell'arredare, potrai utilizzare anche colori o particolari diversi per differenziarle. In questo modo sarà molto chiaro, anche visivamente, quale area della stanza è dedicata a una specifica attività. Zona cucina, zona pranzo/cena, zona lavoro, dispensa, zona relax, zona musica, zona compiti, zona gioco. Tutte queste aree possono convivere in un'unica stanza. Dovrai naturalmente dare maggior spazio alle attività che svolgi per la maggior parte del tempo.

Gli appartamenti spesso hanno limitazioni di spazio orizzontale, quindi sii creativo nello sfruttare al massimo lo spazio verticale. Utilizza mensole, scaffali a parete o armadi che sfruttano tutta l'altezza per riporre gli oggetti. Naturalmente riporrai in alto ciò che usi meno spesso. Io non amo una archiviazione esageratamente verticale perché penso che la funzionalità debba venire al primo posto. Prendere una scaletta o salire su una sedia per prendere un utensile della cucina è qualcosa che vorrei evitare di fare, ma spesso non abbiamo altra scelta se proprio desideriamo conservare tutto ciò che conserviamo. Il mio consiglio è e rimarrà sempre quello di conservare il minimo possibile, così da riempire gli scaffali ai quali arrivi con la tua sola altezza. In questo modo utilizzerai lo spazio che veramente è a tua disposizione, senza dover ricorrere a rialzi per raggiungere gli oggetti di cui hai bisogno.

Vivendo in zone con spazio limitato, dovrai anche ottimizzare lo spazio di archiviazione degli oggetti. Per fare questo dovrai scegliere mobili – facendo a volte qualche piccolo investimento - che offrano spazio di archiviazione integrato, come letti con cassetti, tavolini con ripiani o tavoli da pranzo con vani nascosti. Un buon esercizio è immaginare di vivere in una barca, in un camper o in una tiny house. Questi veicoli sono una grande fonte di ispirazione per soluzioni di stoccaggio estremamente efficaci.

Sii selettivo anche con gli oggetti decorativi. Dovrai utilizzarli per dare personalità e stile al tuo appartamento, ma non sovraccaricare gli spazi. Gli appartamenti hanno tendenzialmente soffitti non troppo alti. Il mio consiglio è di dare un senso di armonia e spazio, sfruttando al massimo quello disponibile e minimizzando gli oggetti decorativi, senza necessariamente sfociare nel minimalismo. Lascia anche sufficiente spazio per muoverti con comodità e libertà all'interno dell'appartamento, e valorizza al massimo la luce naturale, dando un ruolo privilegiato a finestre e porte-finestre.

Una possibilità importante da citare è quella di dedicare più attività a una singola stanza a seconda delle occasioni o del momento della giornata. Questo non va implementato necessariamente in alternativa alla suddivisione per zone.

Ti faccio subito un esempio per farti capire cosa intendo. Ho organizzato la stanza degli ospiti del mio appartamento con giardino in modo che trasmetta relax e un senso di accoglienza a chi vi entra (i colori della palette sono sul tono del lilla e dell'ocra, che tiene insieme mobilio, oggetti e quadri). Vi si trovano un divano letto trasformabile in letto matrimoniale e un armadio, ma anche una scrivania, il pianoforte verticale, la chitarra, l'ukulele e il violino. L'armadio è doppio: da un lato gli ospiti possono riporre i propri vestiti, dall'altro ho riposto in maniera ordinata: cavetteria, attrezzi e materiali per il bricolage, attrezzatura fotografica, ferro e asse da stiro e altre categorie minori. Quando non ci sono ospiti, usiamo questa stanza come stanza della musica, come stanza per stirare o per il bricolage e come stanza per i compiti se qualcuno vuole farmi compagnia mentre stiro. Sebbene la sua funzione primaria sia, dunque, quella di stanza per gli ospiti, sarebbe un peccato utilizzarla solo come tale, avendo per l'appunto spazi limitati.

Loft: spazio aperto, design e funzionalità

Un loft offre un'opportunità unica di design e spazio aperto. Con le sue ampie pareti, soffitti alti e caratteristiche architettoniche distintive, il loft richiede tipologie di archiviazioni che sfruttano l'ampiezza. Non essendoci pareti divisorie, potrai utilizzare librerie in centro stanza e quindi di fatto raddoppiare la superficie verticale disponibile della stessa.

A seconda poi delle peculiarità architettoniche e strutturali del tuo loft, come nicchie o altri spazi inusuali, potrai creare zone di archiviazione dedicate a particolari oggetti, come le collezioni che vuoi siano ben visibili e in grado di portarti gioia.

Poiché, come sai, il loft è tutto a vista, gli arredi multifunzionali sono una buona strategia. Conterranno al loro interno scomparti per riporre gli oggetti, massimizzando l'utilizzo dello spazio senza sacrificare lo stile o la funzionalità.

Casa con giardino: spazio esterno, natura e ordine

Se lo spazio a casa tua non manca, è probabile che tu vi abbia accumulato una quantità molto elevata di oggetti nel tempo. Questo significa che la parte più faticosa del processo di decluttering sarà proprio la valutazione, selezione ed eliminazione degli oggetti. Proprio perché hai molto spazio a disposizione, la tentazione di tenere più del necessario sarà molto forte. In questi casi, ricordati il senso del decluttering che è quello di liberarti degli oggetti inutili per vivere una vita più vicina ai tuoi desideri. Una volta compiuta questa fase, però, non avrai certo problemi a trovare uno spazio per ogni cosa.

Non mancando lo spazio, non sono le soluzioni di stoccaggio creative o le stanze multifunzione le strategie vincenti, bensì l'organizzazione stanza per stanza e la visibilità. Ogni stanza dovrebbe essere destinata a un'unica attività. Inoltre, trattandosi di una abitazione grande, vogliamo che gli oggetti posizionati in ogni stanza siano visibili per non dover girare tutta la casa nel cercarli. Una archiviazione aperta è con tutta probabilità la più funzionale.

La più grande stanza della tua casa sarà quasi certamente il giardino, al quale dovrai dedicare attenzione per creare gli spazi dedicati che desìderi. Potrai predisporre un patio o una zona piastrellata per mangiare, e dovrai, come abbiamo detto, considerarli esattamente come stanze con zona di stoccaggio dedicate. Assicurati di mantenere queste aree libere da oggetti superflui per creare un ambiente invitante.

QUARTA PARTE: CONCETTI, TATTICHE E CONSIGLI

SVUOTARE E APPREZZARE LO SPAZIO: UNA TATTICA DI CONSAPEVOLEZZA

Quando affrontiamo il decluttering di un determinato spazio, come una stanza o un armadio, può essere utile svuotarlo completamente prima di iniziare a selezionare gli oggetti da tenere. Questa pratica di "svuotamento" ci offre l'opportunità di vedere lo spazio nel suo stato più puro, senza distrazioni, e ci permette di prendere decisioni più consapevoli su ciò che veramente desideriamo mantenere.

Di fatto, svuotando un ambiente, ci liberiamo delle distrazioni. Prova a svuotare completamente uno spazio rimuovendo tutti gli oggetti al suo interno: vedrai che ti libererai delle distrazioni visive e ti concentrerai esclusivamente sullo spazio stesso. Senza la presenza degli oggetti, possiamo osservare meglio la forma, le dimensioni e le caratteristiche dello spazio e dei mobili in quello spazio, ottenendo una migliore comprensione di come potrebbe essere utilizzato in modo efficace.

Quando uno spazio è vuoto o anche quando gli oggetti sono rimossi, ad esempio da una libreria o una scaffalatura, possiamo iniziare a immaginare le sue potenzialità. Possiamo considerare diversi layout, organizzazioni o funzioni che desideriamo attribuirgli. Questo ci permette di avere una visione chiara di come vogliamo che lo spazio sia utilizzato e quali oggetti o arredi sono essenziali per realizzare quella visione. Svuotare completamente uno spazio ci offre di fatto la possibilità di creare uno sfondo neutro su cui lavorare.

Apprezzare uno spazio vuoto ci aiuta istantaneamente a prendere decisioni più consapevoli su ciò che vogliamo tenere. Guardando lo spazio svuotato avremo più chiara la visione di come lo vorremmo e capiremo prima se l'oggetto che stiamo esaminando sia da tenere o eliminare.

Ricorda che lo svuotamento completo di uno spazio e l'apprezzamento di uno spazio vuoto possono essere applicati a diverse aree della tua casa, dai singoli armadi alle stanze intere.

DOVE IL DECLUTTERING INCONTRA L'INTERIOR DESIGN

Il decluttering e l'interior design sono due concetti che spesso vanno di pari passo. Mentre il decluttering si concentra sull'eliminazione degli oggetti superflui e sul creare spazi più ordinati, l'interior design si occupa di creare un ambiente esteticamente gradevole e armonioso. Entrambi puntano sulla funzionalità. Quando questi due concetti si uniscono, possono trasformare completamente un ambiente, creando una casa che riflette la nostra personalità, offrendo comfort e ispirazione.

Prima di iniziare a selezionare nuovi mobili o accessori decorativi, è importante identificare lo stile desiderato per la stanza. Vuoi creare un'atmosfera minimalista e pulita? Preferisci uno stile vintage e accogliente? O forse cerchi uno stile moderno e sofisticato? Definire lo stile ti aiuterà a guidare le scelte di design e a creare un ambiente coerente.

Scegli innanzitutto il moodboard: prima di iniziare il processo di design, definisci l'atmosfera desiderata per la stanza. Un moodboard è una composizione visiva di immagini, colori, texture e materiali che ti aiuta a definire lo stile e l'umore che desideri trasmettere. Raccogli immagini di ispirazione da riviste o siti di design e organizzale in un collage. Questo ti aiuterà a visualizzare l'aspetto finale della stanza e a guidare le scelte di arredamento e decorazione.

Poi scegli il colorboard: il colore svolge un ruolo fondamentale nell'interior design e può influire notevolmente sull'atmosfera di una stanza. Crea un colorboard selezionando una palette di colori che si adatta al tuo stile e al mood desiderato. Considera sia i colori delle pareti che quelli degli elementi decorativi, come i tessuti, le tende, i cuscini o i tappeti. Scegli colori che si armonizzino tra loro e che creino una sensazione di equilibrio e coesione nella stanza.

Questi due punti aggiuntivi, scegliere il moodboard e il colorboard, sono strumenti utili per affinare la tua visione e guidarti nella selezione degli elementi di design. Entrambi ti aiuteranno a creare una guida visiva e a mantenere la coerenza nell'aspetto estetico della stanza.

Il passo che senza dubbio accomuna il decluttering e l'interior design è eliminare l'eccesso di oggetti nella stanza. Prima di iniziare a progettare l'aspetto estetico, è importante liberare lo spazio da tutto ciò che non è più necessario o che non si adatta allo stile desiderato. Rimuovi gli oggetti non utilizzati, i mobili ingombranti o quelli che non si abbinano al tuo gusto estetico.

Scegliere mobili e arredi funzionali è fondamentale. Oltre all'aspetto estetico, è fondamentale selezionare mobili e arredi che siano funzionali e rispondano alle tue esigenze quotidiane. Scegli pezzi che offrano soluzioni di storage integrate, come librerie o credenze con ripiani regolabili. Opta per mobili che siano proporzionati alla stanza e che non la sovraccarichino. Io, per esempio, adoro le librerie modulari e modulabili. Avrò spostato chissà quante volte le mensole della mia libreria della sala per trovare la combinazione perfetta, che naturalmente cambia man mano che cambio io e che cambiano le necessità della famiglia. Per un certo periodo mancava una mensola perché avevo messo in quel punto un tavolo a ribalta; per un altro la mensola è tornata al suo posto ma tutte le sue sorelle sono salite di 10 centimetri facendo spazio alla collezione di vinili recuperati per dar voce al nuovo giradischi; per un altro la mensola centrale si è alzata per far spazio alla nuova TV.

Creare punti focali è pure uno dei capisaldi dell'interior design che si rivela estremamente in linea con una buona operazione di decluttering. Entrambe le discipline ti invitano a riflettere su cosa sia importante per una stanza. I punti focali possono essere oggetti sentimentali, quadri, un camino o una vetrina espositiva per oggetti d'arte o collezioni. I punti focali attirano l'attenzione e aggiungono personalità alla stanza. Identificarli significa aver capito cosa conta più di altro in quella stanza e valorizzarlo con la disposizione dei mobili.

L'illuminazione svolge un ruolo cruciale nell'interior design e può influire sull'aspetto e sull'atmosfera di una stanza. Scegli una combinazione di illuminazione generale, come lampade a soffitto o plafoniere, e di illuminazione focalizzata, come lampade da tavolo o faretti direzionabili. Assicurati che l'illuminazione sia adatta alle diverse attività svolte nella stanza e crei un'atmosfera accogliente.

Una volta che hai creato una base solida con mobili funzionali e uno stile coerente, puoi aggiungere elementi decorativi per completare l'aspetto della stanza. Tieni presente il principio del minimalismo e non sovraccaricare gli spazi con troppe decorazioni. Opta per oggetti che aggiungono significato emotivo o estetico, come fotografie, opere d'arte o piante.

Unire il decluttering e l'interior design ti permette di creare un ambiente armonioso, funzionale e accogliente.

LA PARTICOLARITÀ DEGLI AMBIENTI: DARE VALORE AGLI OGGETTI CHE RIEMPIONO I NOSTRI SPAZI

Nel percorso del decluttering, è importante riconoscere che ci sono situazioni in cui le cose doppie o abbondanti possono avere un significato speciale o colmare un bisogno particolare. Queste situazioni si presentano anche all'interno delle nostre case, dove alcuni oggetti possono portare gioia o soddisfare una passione personale. Nella pratica del decluttering, non si tratta solo di eliminare oggetti senza un'utilità immediata, ma anche di capire l'importanza di questi oggetti, organizzarli e valorizzarli in modo che siano visibili e possano liberare tutta la gioia di cui sono capaci.

Le collezioni sono il tipico esempio di questo concetto: non servono a niente ma danno incredibile gioia a chi le possiede, rappresentano il frutto di un duro lavoro di raccolta ed evidenziano grande passione e competenza. Altro esempio sono le riviste di cucina di mio marito, delle quali ho parlato in precedenza. Con tutta probabilità non le rileggerà mai, probabilmente molte non le ha mai lette, ma è il fatto stesso di averle che lo rende felice perché gli fa pensare che in qualsiasi momento potrebbe aprirne una e dedicarsi alla sua passione: la cucina.

Trattare questi oggetti come un "male necessario" che bisogna possedere pur - in alcuni casi - ingombranti sarebbe un errore. Io dico, facciamo esattamente il contrario: mettiamoli bene in mostra e rendiamoli il punto focale di una stanza. C'è una collezione di gemme? Creiamo o compriamo un mobile o una vetrina per mostrarle tutte. C'è una serie di action figure? Disponiamola e creiamo una apposita illuminazione.

Riconoscere il significato e il valore di queste cose ti aiuterà a capire perché sono importanti per te e a trovare un modo per integrarle nel tuo spazio senza creare disordine. Puoi optare per contenitori trasparenti o scaffali aperti per creare una presentazione visivamente accattivante. In questo modo, gli oggetti avranno un posto speciale e saranno sempre a portata di mano quando si desidera fruirne. Considera di creare uno spazio dedicato solo per loro. Può essere una piccola area su un mobile, una teca o una vetrina appositamente progettata. Questo spazio speciale renderà gli oggetti ancora più speciali e saranno visibili e accessibili quando ne sentirai il bisogno.

Trovare modi creativi per dare valore agli oggetti che ci danno gioia è una delle sfide e dei più grandi divertimenti del decluttering. Quando compresi che per me la camera da letto doveva passare da un luogo prevalentemente dedicato allo stoccaggio dei vestiti a una zona notte rilassante, esteticamente piacevole e confortevole, scelsi di eliminare due grandi cassettiere che rendevano difficile muoversi, pur piacendomi esteticamente ed essendo ancora praticamente nuove. La sfida era riuscire a spostare tutti gli indumenti che contenevano nell'armadio. Dopo aver eliminato alcuni capi dei quali ho scelto di liberarmi, ho dato via all'immaginazione e alla creatività: ho identificato dello spazio ulteriore nell'armadio del quale non mi ero mai accorta e ho acquistato un paio di cassetti interni aggiuntivi, riuscendo ad accogliere tutto il contenuto delle cassettiere. Ho venduto le cassettiere e apprezzato lo spazio che mi si era di nuovo reso disponibile: era splendido. Ho trovato online una strettissima cassapanca dell'azzurro della palette della stanza da mettere al posto delle enormi cassettiere: quando è arrivata ho avuto la conferma che fosse esattamente ciò che mi serviva. Ora tutto era azzurro, rilassante e potevo camminare liberamente per la stanza come non avevo mai fatto.

IL DECLUTTERING PER LA SOSTENIBILITÀ AMBIENTALE

Oltre ai benefici personali e relazionali, il decluttering può svolgere un ruolo significativo nella promozione della sostenibilità ambientale.

Il decluttering ci invita innanzitutto a riflettere sul nostro modello di consumo. Liberandoci degli oggetti inutilizzati o superflui, ci rendiamo innanzitutto conto di quante cose abbiamo comprato per presto dimenticarcene e non volerle più. Un buon modo per alimentare questa consapevolezza è accumulare in un luogo tutto ciò che non vogliamo conservare e acquisire l'immagine visiva del volume di oggetti dei quali ci stiamo liberando. Ti renderai conto di quanto velocemente metterai insieme sacchi e sacchi di oggetti che usciranno dalla tua casa e ti renderai conto di quante cose - in molti casi - avresti potuto evitare di comprare. Questo ti farà sicuramente cambiare atteggiamento a livello di consumo per il futuro.

Con il decluttering doniamo molti oggetti, riducendo così il bisogno per altri di acquistare e limitiamo gli sprechi, dando a vestiti e utensili una seconda vita. La conseguenza indiretta è un volume inferiore di rifiuti e la promozione di pratiche di riuso e riciclo, che devono essere alla base del nostro stile di vita.

Ma l'effetto che io preferisco è il seguente: il nostro impegno nel decluttering ispirerà gli altri a seguire il nostro esempio. Condividendo le nostre esperienze e i benefici derivanti dal decluttering, possiamo influenzare positivamente le scelte degli altri e promuovere uno stile di vita più sostenibile. Questo crea un effetto a catena che si traduce in un impatto ambientale globale più positivo.

Con il decluttering digitale abbassiamo il fabbisogno di energia elettrica e di device per gestire file che sono in realtà inutili.

DECLUTTERING DIGITALE: ORGANIZZARE IL MONDO DIGITALE

Nell'era digitale in cui viviamo, il decluttering non riguarda solo lo spazio fisico, ma si estende anche al mondo digitale. Con l'aumento dell'utilizzo di dispositivi elettronici e la creazione di un'enorme quantità di dati digitali, diventa fondamentale organizzare in modo efficace le nostre informazioni digitali. Sebbene non sia il focus di questo libro, voglio dedicare un breve capitolo al clutter digitale che ho visto rovinare la vita e la performance di tante persone intorno a me.

Il decluttering digitale può semplificare la nostra vita e migliorare la nostra produttività.

Il primo passo nel decluttering digitale è eliminare i file e i documenti non necessari. Scorri il tuo computer, il tuo telefono o altri dispositivi e identifica i file che non utilizzi più o che sono diventati obsoleti. Parti dalle cartelle che stai utilizzando più di frequente adesso e progressivamente passa, come per gli oggetti fisici, progressivamente verso categorie più personali come le foto. Puoi eliminare documenti di lavoro non più rilevanti o file duplicati o elementi qualitativamente accettabili. Ricordati di svuotare anche il cestino per liberare definitivamente lo spazio.

Una volta eliminati i file non necessari, è importante organizzare quelli rimasti in modo logico. Crea cartelle e sottocartelle con nomi significativi che riflettano il contenuto dei file. Ad esempio, puoi creare una cartella "Lavoro" con sottocartelle per ogni progetto o una cartella "Foto" con sottocartelle per ogni evento o anno. Questa struttura organizzativa ti permetterà di trovare facilmente i file di cui hai bisogno quando ne hai bisogno.

Esistono molti software e applicazioni disponibili per aiutarti nella gestione dei dati digitali. Puoi utilizzare software di gestione delle password per organizzare e proteggere le tue password, applicazioni di sincronizzazione di file per mantenere i tuoi file aggiornati su più dispositivi e strumenti di archiviazione cloud per salvare i tuoi file in modo sicuro ed essere in grado di accedervi da qualsiasi luogo. Scegli le soluzioni che meglio si adattano alle tue esigenze e semplificano la gestione dei tuoi dati digitali.

La posta elettronica può diventare rapidamente un disordine digitale. Prenditi del tempo per eliminare le email non necessarie, archiviare quelle importanti e creare una struttura di tagging per organizzare le email in modo efficiente. Puoi anche utilizzare filtri e regole automatiche per ridurre l'accumulo di email indesiderate e mantenere la tua casella di posta in ordine.

Le notifiche e gli abbonamenti possono contribuire al sovraccarico digitale e alla dispersione dell'attenzione. Valuta attentamente quali notifiche sono veramente importanti e disattiva quelle che ti distraggono. Riduci anche gli abbonamenti a newsletter o altri contenuti digitali che non ti interessano più. Mantenere solo le notifiche essenziali e gli abbonamenti rilevanti ridurrà il rumore digitale e ti permetterà di concentrarti su ciò che è veramente importante.

Assicurati di eseguire regolarmente il backup dei tuoi dati digitali. Utilizza dispositivi di archiviazione esterni o servizi di archiviazione cloud per salvare una copia dei tuoi file importanti. Questo ti aiuterà a proteggere i tuoi dati in caso di perdita, guasto o furto del dispositivo.

Se possiedi ancora molti documenti cartacei, considera di digitalizzarli per ridurre l'ingombro e semplificare l'accesso alle informazioni. Utilizza uno scanner per convertire i documenti in formato digitale e organizzali in cartelle e sottocartelle strutturate sul tuo computer o su servizi di archiviazione online.

Riduci l'ingombro digitale organizzando le app e i file sul tuo dispositivo. Elimina le app che non usi più e raggruppa le app simili in cartelle per una navigazione più semplice. Organizza i file in cartelle e sottocartelle logiche per un accesso rapido e una migliore gestione dei documenti digitali.

Riduci il numero di notifiche e app sul tuo dispositivo che possono distogliere la tua attenzione e interrompere la concentrazione. Mantieni solo le app e le notifiche che sono veramente rilevanti per il tuo lavoro o le tue attività quotidiane.

Un ulteriore suggerimento per gestire in modo efficace i file digitali è utilizzare il desktop come il suo analogo nel mondo fisico: una scrivania. Posiziona lì solo i file che stai utilizzando nell'immediato o che devi consultare frequentemente durante un periodo di tempo limitato, come faresti con la tua scrivania fisica. Una volta che hai finito di lavorare con quei file, prenditi qualche minuto per sistemarli nelle cartelle appropriate del tuo sistema di archiviazione organizzato.

Questo approccio ti consente di mantenere il desktop pulito e ordinato, riducendo la distrazione visiva e facilitando la ricerca di file importanti. Inoltre, ti incoraggia a sviluppare la buona abitudine di sistemare regolarmente i file nelle cartelle appropriate, evitando l'accumulo di file dispersi e semplificando il processo di decluttering digitale in futuro.

Ricorda che l'obiettivo del decluttering digitale è creare uno spazio digitale ordinato e funzionale. Utilizzando il desktop come zona di passaggio temporanea, puoi mantenere un equilibrio tra la comodità di avere i file a portata di mano quando ne hai bisogno e la necessità di mantenere l'ordine generale del tuo ambiente digitale.

AFFRONTARE LE RESISTENZE AL DECLUTTERING ALL'INTERNO DELLA FAMIGLIA

Come ho detto in precedenza, il decluttering in case condivise è un progetto delicato, che richiede molto sforzo fisico, mentale, emotivo e che coinvolge anche oggetti condivisi e - in non pochi casi - gli oggetti altrui. Può quindi certamente accadere che un familiare o un convivente si mostri riluttante o addirittura ostacoli il tuo impegno nel decluttering.

Mio marito ormai si è rassegnato, ma nelle fasi iniziali della mia conversione al decluttering non mancava di deridere (bonariamente) o sminuire (sempre bonariamente) i benefici di questa pratica. Devo dire che non c'è mai stata ostilità verso il decluttering ma ogni volta che non si riesce a trovare qualcosa in casa, il sospetto che io l'abbia buttata via o messa in un nuovo luogo inventato da me continua ad aleggiare tutt'oggi. In questa situazione, è importante affrontare la questione in modo empatico e paziente, cercando di comprendere le ragioni dietro la loro resistenza e trovare un terreno comune per il dialogo.

Prima di tutto devi capire che la passione per il riordino non appartiene a tutti. Forse - come me - ti sei appassionato rapidamente e ora non vedi l'ora di buttare cose che non ti portano gioia, ma sono relativamente poche le persone che ragionano così. Se ai tuoi conviventi non importa riorganizzare, sono soddisfatti della propria vita così come è, non puoi imporre la tua pratica anche a loro. Se - sempre come è successo a me - il decluttering diventerà una passione, vorrai in tutti i modi coinvolgere chi ti sta vicino, soprattutto una volta che avrai sperimentato tutti i benefici che porta. Ma non è detto che sia ciò che loro vogliono.

È anche fondamentale ricordare che ogni individuo ha la propria prospettiva e le proprie ragioni per aggrapparsi agli oggetti o resistere al cambiamento. Evita di giudicare o criticare il tuo convivente per la sua resistenza e sforzati di comprendere le sue motivazioni. Se esagererai, svilupperanno con tutta probabilità un atteggiamento ostile nei confronti del decluttering, e pure nei tuoi.

Ricorda che il decluttering degli oggetti comuni va svolta insieme e quella dei loro oggetti evitata sempre e comunque. È così, anche se la tentazione di organizzare anche le loro cose sarà fortissima dovrai resistere.

Dedica quindi del tempo per ascoltare attentamente l'opinione dei tuoi conviventi sul decluttering mentre lo svolgi, chiedi se porta benefici anche a loro e raccogli le preoccupazioni o il disagio che procura: potrebbero trovare fastidioso e invasivo il tuo nuovo atteggiamento o avere timore che potresti obbligare anche loro a separarsi da oggetti che amano.

Condividi i benefici che hai sperimentato attraverso il decluttering. Parla delle sensazioni di leggerezza, serenità e chiarezza mentale che hai ottenuto. Sottolinea come un ambiente ordinato e organizzato abbia favorito una migliore qualità di vita e una maggiore tranquillità.

Invita il tuo familiare a partecipare attivamente al processo di decluttering degli oggetti senza pressarlo sui tempi. La maggior parte delle persone trova l'organizzazione degli oggetti una pratica tediosissima: non insistere anche se muori dalla voglia.

Assicurati di offrire supporto pratico durante il processo di decluttering se l'altra persona non lo ama. Potresti offrirti di aiutare a organizzare gli oggetti, trovare soluzioni di archiviazione o prenderti cura dei dettagli logistici. Mostrati disponibile per rendere il processo più agevole e meno stressante.

Se nonostante i tuoi sforzi i tuoi conviventi continuano a resistere al decluttering, è importante rispettare i loro limiti. Non forzarli a fare qualcosa con cui non sono a proprio agio. Concentrati sul tuo spazio personale e rispetta le scelte degli altri.

Infine, ricorda che il decluttering è un processo individuale e che puoi continuare a migliorare il tuo spazio e la tua vita anche se gli altri intorno a te non partecipano pienamente. Concentrati sulle tue intenzioni.

Affrontare la resistenza al decluttering richiede pazienza, empatia, comprensione dell'altro e apertura al dialogo. Ricorda che ogni individuo ha il proprio ritmo e che il cambiamento può richiedere tempo. Continua a seguire il tuo percorso di decluttering, rispettando le scelte degli altri e mantenendo l'obiettivo di creare uno spazio di benessere per tutti gli abitanti della casa.

Ma vedrai che nella maggior parte dei casi il decluttering sarà positivamente contagioso. Le persone intorno a te capiranno la passione per questa pratica e comprenderanno gli enormi benefici diretti che porta alla tua vita e quelli indiretti sulla casa e sugli altri abitanti. Molti vorranno intraprendere la stessa strada e compiranno azioni straordinarie. Questa è la soddisfazione più grande che un appassionato di ordine possa avere: vedere che la propria ossessione positiva si diffonde e porta del bene ad altri.

Persino mio marito, non accumulatore seriale ma certamente qualcuno che ama circondarsi di oggetti senza farsi troppe domande, dovette riconoscere del favoloso potere del decluttering quando vide il mio cassetto delle magliette. Amandole e possedendone un numero esorbitante, poter vedere oggi – aprendo i vari cassetti – tutte le sue maglie in ordine cromatico è per lui, oltre che estremamente comodo, anche molto gratificante. Senza contare che, il risparmio di spazio generato dalla piegatura verticale, gli ha permesso nel tempo di acquistarne molte di nuove.

Quando mi accostai al riordino, per un anno non parlai d'altro: durante le serate con gli amici compariva sempre un segmento nel quale raccontavo tutto ciò che avevo riordinato, tutto ciò che avevo appreso su di me e sulla mia casa praticando il decluttering. Li aggiornavo puntualmente sul mio progresso come si farebbe sulla progressione dell'apprendimento di un'arte. Oggi il decluttering è parte integrante della mia vita e di quello che sono. Piegare e riporre i vestiti in un determinato mondo è automatico così come disporre gli oggetti per categorie e in modo che siano visibili. Elimino subito ciò che non mi dà gioia e mi alleggerisco subito dei pesi indesiderati.

L'EFFETTO A CATENA DEL DECLUTTERING: L'ISPIRAZIONE PER GLI ALTRI

Quando decidiamo di intraprendere un percorso di decluttering, spesso ci concentriamo sull'effetto che avrà su noi stessi. Vogliamo liberarci dell'eccesso di oggetti, creare uno spazio ordinato e trovare una maggiore serenità nella nostra vita. Ma ciò che spesso non ci aspettiamo è l'impatto che il nostro cambiamento avrà sulle persone intorno a noi.

Quando iniziamo a eliminare il disordine fisico dalle nostre case, gli effetti positivi si propagano anche nella sfera emotiva e relazionale. Le persone che ci circondano notano il nostro impegno per il cambiamento e possono sentirsi ispirate ad adottare lo stesso approccio nelle proprie vite.

La nostra famiglia e i nostri amici possono essere influenzati dal nostro processo di decluttering in vari modi. Innanzitutto, possono essere ispirati a fare lo stesso nelle loro case. Vedendo i benefici che otteniamo dall'eliminazione degli oggetti inutili, potrebbero realizzare che anche loro possono ottenere una maggiore chiarezza mentale e spazio per cose più significative.

Inoltre, il nostro impegno per il decluttering può influenzare le nostre relazioni interpersonali. Quando liberiamo spazio fisico e mentale, diventiamo più disponibili ed empatici verso gli altri. Possiamo dedicare più tempo e attenzione alle persone che amiamo, invece di essere intrappolati nell'ansia e nella confusione causate dal disordine.

Il nostro cambiamento può anche spingere le persone intorno a noi a valutare le loro priorità nella vita. Potrebbero iniziare a riflettere su ciò che è veramente importante per loro e a fare scelte più consapevoli. Potremmo diventare dei modelli di ispirazione per una vita più semplice, autentica e centrata sulle cose che davvero contano.

Inoltre, il decluttering può avere un impatto positivo sulla sostenibilità ambientale. Quando eliminiamo gli oggetti che non usiamo più, riduciamo lo spreco e contribuiamo a una gestione più consapevole delle risorse. Questo può ispirare le persone intorno a noi ad adottare abitudini più sostenibili, come il riciclaggio, la riduzione del consumo e l'acquisto consapevole.

È importante sottolineare che il nostro impegno per il decluttering non dovrebbe essere finalizzato a influenzare le scelte degli altri, ma piuttosto a creare un ambiente che rifletta i nostri valori e ci faccia stare bene. Il cambiamento avviene attraverso l'esempio e l'ispirazione, non attraverso la coercizione.

Il decluttering può creare un effetto a catena che si estende ben oltre le nostre singole esperienze. Quando scegliamo di vivere una vita più ordinata e intenzionale, il nostro cambiamento si diffonde e ispira gli altri a fare lo stesso. Possiamo diventare agenti di trasformazione, diffondendo la gioia e la serenità che il decluttering porta con sé.

In conclusione, il decluttering non riguarda solo noi stessi, ma ha un impatto profondo sulle persone che ci circondano. Il nostro impegno per l'eliminazione del disordine fisico e mentale può ispirare gli altri a fare lo stesso e a creare un ambiente di serenità e benessere. Ricordiamoci che il nostro cambiamento personale può contribuire a un cambiamento collettivo, portando una maggiore armonia nelle nostre relazioni e nell'ambiente che ci circonda.

DECLUTTERING E BAMBINI: PICCOLI AGENTI DEL DISORDINE

Quando si tratta di decluttering, i bambini possono sembrare degli instancabili creatori di disordine. Con la loro curiosità, energia e tendenza a mettere tutto fuori posto, sembra che l'ordine sia un obiettivo irraggiungibile. Tuttavia, coinvolgere i bambini nel processo di decluttering può avere dei benefici sorprendenti.

I bambini imparano principalmente attraverso l'osservazione e l'imitazione. Se vedono che tu pratichi il decluttering e ne apprezzi i benefici, potrebbero sviluppare un interesse naturale per l'organizzazione e l'ordine. Mostra loro come ordini gli oggetti, spiega perché è importante avere uno spazio pulito e funzionale.

Coinvolgi i bambini nel processo in modo divertente, come fosse un gioco da fare insieme. Li attiverai senza far sentire il riordino come un compito bensì come una pratica divertente e appagante. Arrediamo la caserma dei pompieri, sistemiamo alle bambole tutti i loro vestiti, mettiamo tutti i mattoncini nelle scatole per colore. Questi sono giochi che i bambini già amano fare autonomamente. Vedrai che apprezzeranno anche la versione estesa.

Quando coinvolgi i bambini nel decluttering, concedi loro un ruolo attivo nel processo. Invitali a prendere decisioni sulle loro cose, aiutali a scegliere quali giocattoli o abiti tenere e quali donare. Fai in modo che comprendano che la scelta di ridurre il numero di oggetti può portare a un ambiente più ordinato e a una maggiore facilità nel trovare ciò di cui hanno bisogno.

I bambini amano l'idea di avere uno spazio organizzato e di poter trovare facilmente i loro giocattoli preferiti. Sii creativo nell'organizzazione del loro spazio, utilizzando contenitori colorati, etichette divertenti o scaffali a loro altezza. In questo modo, renderai il decluttering un'attività divertente e coinvolgente.

Aiuta i bambini a comprendere che le emozioni sono importanti e che possono essere legate agli oggetti. Spiega loro che è normale avere sentimenti di attaccamento verso alcuni oggetti, ma incoraggiali a pensare se questi oggetti veramente li fanno stare bene. Aiutali a separare l'emozione dalla necessità pratica e a trovare modi alternativi per conservare i ricordi, come la creazione di un album fotografico o di una scatola dei ricordi.

Consenti un po' di disordine controllato. È importante equilibrare il desiderio di un ambiente ordinato con la comprensione delle esigenze dei bambini di giocare e sperimentare. Concedi loro spazi dedicati al gioco creativo, come una stanza o un angolo appositamente designato dove possono lasciare liberi i loro giochi e progetti. Questo permetterà loro di esprimersi e divertirsi, pur mantenendo il resto della casa in ordine. La priorità, in questa fase della loro vita, è esplorare, giocare, divertirsi: il disordine è fondamentale a questo scopo. Devi permetterlo pensando a tutti i benefici in termini di creatività e crescita personale che comporta.

Riconosci e celebra i piccoli progressi fatti dai tuoi bambini nel mantenere l'ordine. Sottolinea i vantaggi che derivano dall'avere uno spazio pulito e organizzato, come la facilità nel trovare i loro giocattoli preferiti o la sensazione di tranquillità che deriva da un ambiente ordinato. Questo incoraggerà un atteggiamento positivo verso il decluttering.

Non promettere soldi in cambio di ordine: il decluttering deve essere una gioia e una situazione cercata per i bambini. Promettere soldi non sortirà alcun effetto duraturo, anzi rafforzerà il concetto che riordinare sia un'operazione faticosa per la quale è necessaria una ricompensa.

Affronta il decluttering profondo a breve distanza temporale l'uno dall'altro: i bambini crescono in fretta e modificano altrettanto velocemente le proprie necessità e i propri gusti. Giochi che amavano alla follia non significheranno niente dopo qualche mese. Ha senso liberarsi di questi giochi e regalarli a chi possa apprezzarli. Ai tuoi bambini non servono più.

Ricorda che i bambini affrontano il decluttering a modo loro e potrebbe essere necessario adattare le strategie in base all'età e alla personalità di ciascuno. Non aspettarti la perfezione, ma coltiva un ambiente in cui i bambini possono imparare a prendersi cura del loro spazio e apprezzare l'importanza dell'organizzazione. Con il tempo, il decluttering può diventare un abito naturale per loro, permettendo loro di godere di un ambiente pulito e ordinato mentre si sviluppano e crescono.

È importante ricordare che il decluttering non dovrebbe mai diventare un'ossessione per te o per i tuoi bambini. Se trasformi il processo in un'attività obbligatoria o lo vivi con eccessiva severità, potresti ottenere l'effetto opposto e creare una sorta di resistenza. È fondamentale far percepire il decluttering come un gioco divertente o come qualcosa di positivo, in modo che i bambini lo vedano come un'opportunità per liberarsi degli oggetti che non usano più e creare spazio per le cose che amano davvero. La flessibilità e l'approccio giocoso contribuiranno a mantenere un clima positivo e ad evitare che il decluttering diventi una fonte di stress o ansia per te e per i tuoi bambini.

Le mie bambine hanno abbracciato la pratica del decluttering con il tempo. Inizialmente le erano indifferenti, poi crescendo hanno iniziato a interessarsene. A parte il "sistemate un po' la stanza prima di andare a dormire" che ben poco ha a che vedere con il decluttering vero e proprio, ho cominciato a proporre un repulisti ogni cinque o sei mesi di tutti i giochi e giocattoli che si accumulavano in camera soprattutto a valle del Natale e dei compleanni. Le loro necessità cambiano velocemente e la promessa di liberarsi di giochi che non amano più per far spazio a nuove possibilità, anche solo spazio aggiuntivo per muoversi in camera, è per loro molto allettante. Quindi il mio invito ogni qualche mese è "Giochiamo al gioco di regalare o buttare quello che non vi serve?". La maggior parte delle volte la risposta è positiva. Vedendo l'energia con la quale gioisco e affermo come successo incredibile lo spazio guadagnato ogni volta che giochiamo a questo gioco deve averle motivate perché ho notato un rapido adeguamento alla pratica del decluttering. La piccola ha iniziato a sistemare alla perfezione (secondo il suo punto di vista) tutti i suoi accessori per capelli sulla sua toilette; la grande ha organizzato autonomamente il suo armadietto secondo i colori dell'arcobaleno, ha buttato tutti i pennarelli scarichi riorganizzandoli in scatole trasparenti e ottimizzando il materiale per la scuola nei suoi contenitori. Oggi quando lo fa, me lo racconta tutta tronfia in cerca di complimenti, e naturalmente li riceve. È capitato tuttavia un paio di volte che la mancanza di ordine, forse a causa della sorellina, l'abbia fatta molto innervosire e arrabbiare. Se dovessero succedere episodi del genere, questi vanno gestiti immediatamente, spiegando che l'ordine è una cosa positiva, uno strumento per abbellire la nostra vita ma non deve diventare un'ossessione o una condizione fondamentale per essere felici. Capirai e deciderai da solo quali sia il giusto equilibrio da impostare con i tuoi figli.

MANTENERE I RISULTATI DEL DECLUTTERING NEL LUNGO TERMINE

Il decluttering è un processo puntuale. Si svolge con una consapevolezza fresca e porta incredibili benefici alla nostra vita da un giorno all'altro. Non è propriamente come un allenamento: non si tratta di, ogni giorno o ogni settimana, operare un decluttering dei nostri oggetti. Spiega bene Marie Kondo che si tratta al contrario di una operazione trasformativa che può essere fatta anche una sola volta nella vita perché, come fosse un interruttore, innescherà una nuova consapevolezza su come si vuole vivere.

È il sistema stesso che avremo noi stessi impostato che ci innescherà una nuova routine che non avrà bisogno di manutenzioni. Certo, qualsiasi lavoro per quanto resistente può essere scardinato, ma è molto difficile demolire ciò che è stato fatto con intenzione, impegno e consapevolezza, soprattutto quando si parla della nostra casa. Sì, ci potrà sembrare che le stanze siano un po' disordinate perché magari lavoriamo molte ore al giorno e non sempre riponiamo immediatamente gli oggetti al loro posto, ma a questo tipo di disordine leggero si rimedia immediatamente e la casa sarà sempre e comunque ben organizzata.

Da quando a casa mia i vestiti sono organizzati come spiega Marie Kondo, il loro ordine non è mai più stato messo in discussione o modificato: è fisicamente impossibile, infatti, riporre una maglietta in orizzontale quando tutte le altre sono in verticale e l'unica possibilità è piegarla a rettangolo.

Il sistema stesso è dunque lo strumento per il mantenimento dell'ordine nel tempo. Sicuramente ti saresti aspettato un capitolo dedicato alla costanza e all'impegno necessario per non vanificare il lavoro fatto, invece no: il decluttering è davvero una pratica trasformativa che ha un inizio e una sua fine. L'unica cosa che dovrai fare sarà controllare ogni tanto che le cose che ti circondano siano ancora adatte alle tue esigenze. Ma te ne accorgerai immediatamente, perché percepirai un peso dal quale vorrai subito liberarti.

Se sei come me, infatti, una volta terminato il decluttering a casa tua andrai in cerca di altre sfide e ti proporrai per sistemare la casa dei tuoi amici, ma non è necessariamente quello che deve accadere. Ciò che naturalmente invece avverrà sarà il cambiamento delle tue abitudini di acquisto. Acquisterai in modo più consapevole, scegliendo probabilmente oggetti duraturi e che abbiano un valore significativo per te. Se invece farai acquisti impulsivi o soggetti a mode, saprai che il loro valore sarà limitato nel tempo e che presto te ne libererai, con tutta probabilità.

NON TUTTO IL MALE VIENE PER NUOCERE: L'UTILITÀ DEL DISORDINE

Nel discorso sul decluttering e sull'organizzazione, spesso ci si concentra sull'importanza dell'ordine e della sistemazione. Tuttavia, è interessante notare che anche il disordine può avere una sua utilità. Mentre l'ordine crea un senso di calma e chiarezza, il disordine può offrire un ambiente più stimolante e creativo.

Uno dei vantaggi del disordine è il piacere che si prova nel riordinare. L'atto stesso di sistemare un disordine può dare una sensazione di realizzazione e di progresso. La soddisfazione che si prova nel riportare ordine e organizzazione in un ambiente caotico può essere gratificante e stimolante. Questo senso di realizzazione può alimentare la motivazione a mantenere un ambiente ordinato e funzionale. Anche se si tratta, come ho detto poco fa, di un disordine superficiale che si sistema facilmente, ugualmente l'atto darà gioia al nostro cervello.

Poi il disordine può essere uno stimolo per la creatività. Un ambiente disordinato può offrire molteplici opportunità di scoperta e di connessione tra oggetti e idee. Lasciare che il disordine si sviluppi temporaneamente può favorire la fioritura di nuove idee e soluzioni creative. L'assenza di rigidità e ordine può permettere di pensare fuori dagli schemi e sperimentare nuove combinazioni e connessioni. Negli Stati Uniti la competenza dei professionisti si basa sul grado di disordine della rispettiva scrivania, sulla base dell'assunto che un "empty desk" equivalga a una "empty mind".

Il disordine può essere utile per alcune attività quotidiane. Ad esempio, avere gli strumenti di lettura e scrittura sempre perfettamente ordinati potrebbe limitare la spontaneità delle idee. Il disordine temporaneo può fornire un ambiente dinamico e flessibile per svolgere le nostre attività quotidiane, consentendoci di muoverci liberamente e seguire il flusso delle nostre azioni.

Il disordine può anche servire come riferimento per apprezzare l'ordine. Lasciando che il disordine si accumuli temporaneamente, possiamo sperimentare la sensazione di confusione e mancanza di chiarezza che deriva da un ambiente caotico. Questa consapevolezza del disordine ci spinge a cercare l'ordine e l'organizzazione come un antidoto alla confusione. Apprezzare l'ordine diventa quindi un processo di contrasto e di ricerca di equilibrio.

È importante notare che l'utilità del disordine va gestita con saggezza e consapevolezza. Mentre un certo grado di disordine può essere stimolante e creativo, un eccesso di caos può avere un impatto negativo sulla nostra produttività e benessere. Trovare un equilibrio tra ordine e disordine è fondamentale per creare uno spazio che favorisca la nostra creatività e al contempo ci permetta di svolgere le attività quotidiane in modo efficiente.

Un'opzione potrebbe essere quella di concederci dei momenti di disordine controllato, in cui permettiamo a un'area specifica della nostra casa di essere temporaneamente meno ordinata, magari dedicandola a un progetto creativo o a un'attività che richiede un approccio più libero. Tuttavia, è importante stabilire dei limiti e dedicare del tempo successivamente per riportare ordine e organizzazione nella nostra vita quotidiana.

Ricorda che l'equilibrio tra ordine e disordine è una questione personale e soggettiva. Ognuno di noi ha la propria soglia di tolleranza al caos e le proprie preferenze in termini di spazio e organizzazione. L'importante è essere consapevoli di come il disordine può influenzare le nostre emozioni, la nostra produttività e il nostro benessere generale.

Trova il giusto equilibrio che ti permetta di sperimentare sia l'energia creativa del disordine che la chiarezza e l'efficienza dell'ordine. Sperimenta con diverse strategie e scopri cosa funziona meglio per te. Ricorda che l'obiettivo finale è creare uno spazio che rifletta la tua personalità, ti permetta di esprimerti creativamente e ti offra un senso di calma e benessere.

ANNA. LA CASA A MISURA DI ANNA.

Ormai divenuta esperta nel decluttering, Anna utilizzava la sua casa come punto focale delle proprie attività. Mise progressivamente a fuoco come aver organizzato i propri oggetti aveva innescato una routine energizzante, liberando tempo e spazio per dedicarsi alle sue passioni e progetti personali. A volte, sentiva il bisogno di sperimentare nuove disposizioni e visioni per gli spazi, e così svuotava delle zone della casa per valutare nuove destinazioni e dare nuova vita agli ambienti.

Anna aveva anche adottato un modello di acquisto più sostenibile e consapevole. Ogni oggetto che entrava nella sua casa era attentamente selezionato, valutato per la sua utilità e il piacere che avrebbe apportato nella sua vita. Non si lasciava più trascinare dalle mode o dalle offerte allettanti, ma cercava oggetti di qualità e duraturi, che rispecchiassero il suo stile di vita e i suoi valori.

La trasformazione di Anna non passò inosservata. Le amiche e le sorelle notarono il cambiamento positivo nella sua vita e furono ispirate dal suo approccio al decluttering. Ben presto, anche loro abbracciarono il percorso del decluttering, liberandosi del superfluo e creando spazi armoniosi e funzionali nelle loro case. La gioia e la soddisfazione che Anna aveva ritrovato nel suo percorso avevano contagiato anche coloro che le erano più vicini.

Tuttavia, Anna decise di rispettare il percorso personale di sua madre, che non aveva trovato nella pratica del decluttering un riflesso delle sue necessità. Capì che ognuno ha il proprio tempo e i propri modi per impostare la propria vita. Pur non forzando la mano, Anna si rese disponibile ad aiutare sua madre qualora avesse voluto intraprendere il percorso in futuro.

Ora la casa di Anna era davvero a misura di Anna. Ogni oggetto aveva il suo posto, ogni spazio era funzionale e ispirante. La sua casa non era solo un luogo dove tornare la sera, ma un rifugio di calma e serenità che si evolveva in linea con la sua crescita personale.

QUINTA PARTE: GLI EFFETTI DEL DECLUTTERING A LUNGO TERMINE

IL DECLUTTERING COME STRATEGIA CONCRETA PER CAMBIARE VITA

Come ho ampiamente illustrato, il decluttering è una potente strada per cambiare vita e ottenere una maggiore chiarezza sui nostri desideri e obiettivi. Attraverso il processo di decluttering, possiamo scoprire dove vogliamo andare, come vogliamo vivere e quali attività desideriamo svolgere per creare la vita che sogniamo.

Il decluttering ci invita a mettere in discussione tutto ciò che possediamo, le scelte che abbiamo compiuto, il modello di acquisto che applichiamo. Si tratta di una riflessione profonda e non indolore rispetto alla quale dobbiamo essere aperti per entrare in connessione con noi stessi. Una volta liberati da ciò che ci trattiene, possiamo riflettere su ciò che veramente desideriamo nella vita. La chiarezza che deriva dal decluttering ci aiuta a identificare i nostri valori fondamentali, i nostri interessi e i nostri obiettivi. Il decluttering ci invita a esaminare attentamente le nostre abitudini e le scelte che facciamo nella vita. Ci sfida a chiederci se gli oggetti che possediamo e le attività che svolgiamo sono in linea con ciò che veramente desideriamo. Attraverso questo esame, possiamo sperimentare un cambiamento di prospettiva e riconoscere ciò che ci porta vera gioia e soddisfazione.

Il decluttering ci dà l'opportunità di esaminare il nostro ambiente e valutare se rispecchia veramente chi siamo e come vogliamo vivere. Possiamo riflettere su dove vogliamo vivere, se la nostra attuale residenza è in linea con i nostri desideri e se ci sono modifiche che possiamo apportare per creare uno spazio più adatto alle nostre esigenze. Il processo di decluttering può anche aiutarci a valutare se abbiamo bisogno di una casa più grande, più piccola o semplicemente diversa.

Liberarsi dal disordine e dal sovraccarico ci permette di concentrarci sulle attività che ci portano vera gioia e soddisfazione. Attraverso il decluttering, possiamo identificare quali attività sono veramente significative per noi e fare spazio per dedicarci ad esse. Possiamo ridurre il tempo dedicato a impegni non necessari e creare una routine che ci permetta di svolgere le attività che ci rendono felici.

Il decluttering ci offre la possibilità di sperimentare la leggerezza e la libertà che derivano dal possedere meno cose e dedicare più tempo alle esperienze e alle relazioni significative. Liberarsi dal peso del disordine e dell'accumulo ci permette di vivere una vita più libera, focalizzata su ciò che veramente conta per noi.

Il decluttering può diventare un potente strumento di cambiamento nella nostra vita. Attraverso il processo di eliminazione del superfluo, possiamo creare uno spazio interiore ed esteriore che riflette la vita che desideriamo vivere. Partendo da una nostra visione della nostra casa, ci aiuta a comprendere meglio come vogliamo vivere e quali attività vogliamo svolgere, consentendoci di creare una vita più autentica e significativa. Non si tratta solo di liberarsi delle cose, ma di creare un ambiente e uno stile di vita che ci permettano di essere veramente felici e realizzati.

OCCASIONI SPECIALI

Le occasioni speciali, come un trasloco, ci offrono preziose opportunità per mettere nuovamente a fuoco la nostra vita attraverso il decluttering. Improvvisamente la nostra casa è più grande o comunque diversa, oppure c'è del nuovo spazio a disposizione che dobbiamo utilizzare. Questi momenti di cambiamento e transizione ci spingono a riflettere sulle nostre priorità, su ciò che davvero conta e su ciò che ci rende felici. Come vogliamo utilizzare una stanza o un'area ora che è uno spazio vuoto? Il trasloco - che ci obbliga fisicamente a posizionare da zero tutti i nostri oggetti - è l'occasione perfetta per mettere in discussione ciò che possediamo e tracciare una riga nella nostra vita. Liberarsi dagli oggetti inutili o legati al passato ci aiuta a lasciar andare ciò che non serve più, facendo spazio per nuove esperienze e opportunità. Il decluttering ci permette di liberarci dal peso emotivo di oggetti associati a ricordi dolorosi o a esperienze passate, consentendoci di guardare avanti con maggiore chiarezza e leggerezza. Attraverso questo processo, possiamo trovare un nuovo equilibrio e una maggiore consapevolezza di noi stessi e delle nostre esigenze, aprendo la strada a una vita più significativa e soddisfacente.

Lo stesso avviene quando ad esempio un inquilino esce di scena o riusciamo a ricavare dalla nostra casa un nuovo locale: improvvisamente c'è del nuovo spazio a disposizione e sta a noi decidere come riempirlo. Cosa possiamo farci per provare gioia? Sfruttiamo quest'occasione per mettere in discussione ciò che possediamo così da occupare al meglio il nuovo spazio e avviare un nuovo capitolo nella nostra vita.

La fine di una storia d'amore o la perdita di una persona cara sono esperienze emotivamente intense e complesse. In questi momenti, il decluttering può svolgere un ruolo importante nel supportare il processo di guarigione. In questi momenti, è comune sentirsi sopraffatti dalle emozioni e pensare di aver perso il controllo sulla propria vita e molte certezze. Organizzare e ripulire gli ambienti può darci un senso di ordine e di chiarezza che si riflette sulle nostre emozioni.

Quando morì mio padre, l'unica cosa che riuscì a calmarmi fu eliminare oggetti dalla mia cameretta. Riordinare fece esattamente questo: mi diede una sensazione di controllo, la fiducia di poter proseguire nella mia vita in modo attivo e creò dello spazio fisico aggiuntivo per il mio dolore.

Nel caso della fine di una relazione, la persona che se ne va generalmente porta via i suoi oggetti personali, ma qualcosa - o più di qualcosa - resta in casa, che potrà agire come un richiamo costante alla fine della storia e quindi portare cupezza alla nostra giornata. Liberarsi di quegli oggetti rappresenta l'occasione ideale per prendere in considerazione anche tutto ciò che possediamo, eliminare gli oggetti non necessari o che non ci rappresentano più e consente di creare un ambiente nuovo e organizzato per avviare il nostro processo di rinascita e di crescita personale.

Nel caso di una perdita, tutti gli oggetti dell'altra persona rimangono e sta a noi decidere cosa fare. Lasciarli invariati come se l'altra persona esistesse ancora sarà un costante reminder della sua scomparsa. Verrà - prima o poi - il momento di occuparsene. Per quanto doloroso, sarà un atto liberatorio e terapeutico, permettendoci di prendere il controllo della nostra esperienza emotiva e iniziare un processo di guarigione.

È importante ricordare che il decluttering in questi momenti delicati può richiedere tempo e gentilezza verso se stessi. Non c'è una regola rigida sul tempo o sulle modalità del processo di decluttering. Rispettare i propri tempi e prendersi cura di sé è fondamentale per affrontare il processo in modo sano e benefico.

Un'altra occasione speciale è quella in cui ci occupiamo degli oggetti di un genitore che è venuto a mancare.

Improvvisamente – e mentre siamo alle prese con la gestione del dolore - ci troviamo immersi tra oggetti che non sono nostri e dei quali siamo obbligati a occuparci. Si tratta di un passo molto doloroso ma obbligatorio, fondamentale per proseguire nella nostra vita e liberare la casa nella quale non abita più nessuno. Se abbiamo fratelli o sorelle, dovremo svolgere questa operazione insieme a loro, cosa che potrebbe essere di conforto ma anche aggiungere complessità. Non sono ancora passata interamente da questa fase, perché mia madre si è trasferita via da casa propria per ragioni di salute e noi fratelli ci siamo occupati solo parzialmente della gestione degli oggetti della casa. L'idea che mi sono fatta è quella di portare con me, quando sarà il momento, solo oggetti che avranno un peso emotivo importante ma non soverchiante: alcune foto di quando i miei genitori erano giovani, qualche bella cornice. Sconsiglio di portarsi a casa in blocco i servizi di piatti e tutte le lenzuola, se non ne abbiamo effettivamente bisogno.

Questo mi porta a un pensiero successivo. Ciascuno di noi nelle nostre case conserva oggetti che ci sopravvivranno. È importante riflettere su cosa accadrà a questi oggetti quando non ci saremo più.

Mia mamma diceva sempre: "Bisogna che io butti un po' di roba, se no quando non ci sarò più, i miei figli avranno un fardello troppo grande." Conoscendo mia mamma, non si riferiva con tutta probabilità al fardello emotivo di noi fratelli ma esclusivamente a quello pratico e logistico. Tuttavia, nella gestione iniziale di tutti i suoi oggetti quando si trasferì via da casa, fu emotivamente impegnativo. Mia madre aveva talmente tante cose che a un certo punto le operazioni anche per me divennero provanti. Tra le altre cose trovai due enormi sacchi pieni di vassoietti di carta, stivati in garage e lì da chissà quanto tempo, scarponi da sci vecchi almeno trent'anni, un umidificatore non funzionante. Credo che una grande facilitazione che i genitori possano fare ai propri figli è quella di lasciare la propria casa organizzata al meglio, così da rendere meno laboriosa e pesante l'operazione ai figli.

Condividi con i tuoi familiari le storie degli oggetti personali emotivamente più preziosi che possiedi e spiega ciò che significano per te, indicando quali vorresti che non venissero buttati. Darai agli oggetti un significato importante e i relativi ricordi continueranno a vivere attraverso le generazioni.

Anche le vacanze possono essere una buona occasione per il decluttering. Se però l'avete già compiuto e state vivendo la fase successiva, ecco una tecnica puntuale che desidero raccontarti: porta in vacanza quello che vuoi buttare. Io lo faccio tutte le volte che mi preparo a partire per un viaggio: innesco una mini-sessione di decluttering facendo la valigia e individuo alcuni capi dei quali scelgo di liberarmi. Porto quelli in vacanza con me e – una volta usati in viaggio – li butto.

STORIE DI SUCCESSO NEL DECLUTTERING: TRASFORMAZIONI ISPIRANTI

Il decluttering può portare a incredibili trasformazioni nella vita delle persone. Ogni storia di successo è unica e personale, ma tutte hanno un elemento comune: l'impatto positivo che il decluttering ha avuto sul benessere e sulla qualità della vita. Queste storie di successo, immaginate ma realistiche, illustrano l'impatto positivo che il decluttering può avere sulla nostra vita.

La trasformazione di Marco: come il decluttering lo ha aiutato a cambiare vita e trovare la propria vocazione

Marco sentiva il bisogno di un cambiamento radicale. Era stanco di una routine che non lo soddisfaceva e di un ambiente che non rispecchiava le sue aspirazioni. Aveva un lavoro che non lo appagava e una sensazione costante di mancanza di direzione. Si sentiva intrappolato in una routine che sembrava non portare da nessuna parte. Sentiva il bisogno di cambiare qualcosa, di trovare una nuova strada che gli permettesse di vivere una vita più autentica e significativa.

Risvegliatosi presto un sabato mattina, sentì l'esigenza di riprendere il controllo della propria vita e decise di abbracciare il decluttering come primo passo per farlo. Dopo essersi occupato dei vestiti e degli utensili di cucina, passò ai libri e ai materiali di fotografia, sua passione che aveva presto abbandonato. Proseguì fino a sera, riscoprendo materiali che aveva conservato, ormai superati dalla tecnologia digitale. Decise di dedicare una parte del suo studio alla fotografia, individuando alcune foto da lui scattate che avrebbe fatto incorniciare.

La mattina successiva prese in mano gli oggetti che rappresentavano vecchi sogni e obiettivi non realizzati e decise di liberarsi di alcuni di questi, perché li interpretava come fallimenti: oggi come oggi aveva bisogno di nuova motivazione e rifiutava di essere schiacciato dal peso del passato.

Marco si sentiva più leggero e focalizzato: voleva dedicare alla fotografia nuovo spazio nella sua vita. Entro sera si era iscritto a un corso di fotografia digitale nella sua città e aveva aperto un proprio canale social con le immagini analogiche scattate un decennio prima, annunciando che ci sarebbero state nuove immagini digitali presto.

Con il passare del tempo, Marco notò un cambiamento interiore profondo: iniziò a scoprire passioni nascoste e talenti sopiti. Affiancò alla fotografia la scrittura, hobby che gli riempivano il cuore di gioia e soddisfazione. Ogni giorno si sentiva sempre più vicino alla scoperta della sua vera vocazione.

Forte di questa nuova consapevolezza fu in grado di effettuare scelte più consapevoli riguardo alla sua carriera. Riuscì a ottenere di poter svolgere il suo lavoro principale per meno tempo e da remoto e si trasferì per alcuni mesi all'anno in una località montana dove trasformò la sua passione di fotografia e scrittura in una professione da svolgere nel fine settimana. La sua vita era cambiata per sempre.

La rinascita di Sara: come il decluttering l'ha aiutata a superare le sfide e trovare la felicità

Sara era una giovane donna coraggiosa e avventurosa, sempre pronta ad affrontare nuove sfide. Quando le fu offerta l'opportunità di trasferirsi in un'altra città per lavoro, non esitò un attimo. Decise di prendere questa nuova esperienza come un punto di svolta nella sua vita e decise di sfruttare l'occasione del trasloco per fare un decluttering profondo.

Mentre impacchettava le sue cose, Sara si rese conto di quante cose aveva accumulato negli anni, molte delle quali non le servivano più o non avevano più significato per lei. Decise che era arrivato il momento di lasciar andare il passato e fare spazio per il nuovo. Con determinazione, passò ore a decidere cosa tenere e cosa eliminare, liberandosi di oggetti superflui e dando via ciò che poteva essere utile ad altri.

La cucina era sempre stata la sua passione, e decise di dedicare ampio spazio a questa stanza nel suo nuovo appartamento. Con cura e attenzione, organizzò gli utensili e gli accessori da cucina, assicurandosi che tutto fosse a portata di mano e ben ordinato. Si sentiva ispirata a sperimentare nuove ricette e a migliorare le sue abilità culinarie. Grazie a questa nuova riorganizzazione, si trovò a dedicare sempre più tempo alla cucina nella propria casa.

Nella nuova città Sara non conosceva nessuno. Decise di abbinare la sua passione per la cucina alla necessità di ampliare le sue amicizie e si iscrisse a un corso di cucina locale. Qui incontrò altre persone con la stessa passione e iniziò a fare nuove amicizie. Insieme a loro, condivise momenti di gioia, successi culinari e qualche piccola disavventura tra le pentole.

Questo nuovo capitolo della sua vita portò a Sara un senso di libertà e autenticità. Si sentiva leggera e libera dalle zavorre del passato. Aveva fatto spazio nella sua vita per le cose che erano più piacevoli per lei e ora si stava immergendo in nuove esperienze e connessioni significative.

Il decluttering non era stato solo un modo per organizzare le sue cose, ma un processo di trasformazione interiore. Sara aveva trovato una nuova consapevolezza di sé e delle sue passioni, e si sentiva entusiasta per il futuro e per le opportunità che si aprivano davanti a lei.

La trasformazione di Giulia: il decluttering per superare il lutto

Dopo aver perso il marito in modo improvviso, Giulia si trovava a dover affrontare il difficile periodo che segue un lutto. Ora la sua casa era intrisa di tristezza e ricordi dolorosi, oltre che di tutti gli abiti e gli oggetti appartenuti al marito che avevano su di lei un peso schiacciante.

Giulia aveva sempre vissuto una vita felice e appagata con suo marito. Avevano condiviso momenti preziosi, ricordi indimenticabili e una casa che rifletteva il loro amore. La casa che una volta aveva rappresentato un luogo di gioia e serenità si trasformò in un costante promemoria del suo dolore. Ogni angolo era intriso di ricordi che le strappavano il cuore. Non era in grado di andare avanti nella sua vita mentre le cose intorno a lei sembravano essere rimaste bloccate nel passato.

Decise di abbracciare il decluttering come parte del suo percorso di guarigione. Iniziò con gli abiti. Li radunò tutti e li donò in blocco. Conservò solo un cappello, come ricordo. Si trovò con mezzo armadio completamente vuoto. Per riempirlo subito e sopperire al senso di vuoto iniziò a valutare uno a uno anche i propri vestiti.

Proseguì con lo stesso sistema anche con le altre categorie di oggetti appartenute al marito, sfruttando l'occasione per risistemare anche i propri.

Man mano che il decluttering progrediva, Giulia si rese conto che eliminare fisicamente gli oggetti associati ai ricordi dolorosi le permetteva di fare spazio a nuove emozioni e ad accogliere la sua nuova realtà. La sua casa divenne un luogo di conforto e di rinascita, dove poteva onorare il passato ma anche guardare con fiducia al futuro.

ANNA. UN NUOVO FOCUS.

Il viaggio di Anna nel decluttering e nella riorganizzazione le aveva insegnato molte lezioni preziose. Anna aveva imparato a fare scelte consapevoli sugli oggetti che la circondavano, valutando la loro utilità e il loro impatto sulla sua vita. Aveva imparato a lasciar andare ciò che non le serviva più e a fare spazio per ciò che davvero amava.

Anna aveva imparato che il decluttering non riguardava solo gli oggetti fisici, ma anche i ricordi e le emozioni legate ad essi. Aveva capito l'importanza di creare spazi che riflettessero la sua personalità e le sue esigenze, e di concentrarsi su ciò che era davvero importante per lei.

Infine, Anna aveva imparato a trovare un equilibrio tra la funzionalità e l'estetica nella sua casa. Aveva capito che ciò che vedeva intorno a lei influenzava le sue emozioni e il suo benessere. Aveva imparato a creare ambienti che la rendessero felice e serena.

Il viaggio di Anna nel decluttering e nella riorganizzazione era stato un viaggio di scoperta e di crescita personale. Aveva acquisito una maggiore consapevolezza di sé e del suo ambiente, e si sentiva pronta ad affrontare il futuro con

maggiore leggerezza e serenità, verso una vita più intenzionale
e soddisfacente.

CONCLUSIONE

Il mio lavoro è finito.

Hai imparato ad eliminare il superfluo e a fare spazio per ciò che veramente conta nella tua vita. Hai scoperto come gli oggetti che ci circondano influenzano la tua mente e il tuo benessere, e come liberartene possa portare una sensazione di leggerezza e chiarezza interiore. Dal guardaroba alla cucina, dal soggiorno alla camera da letto, hai imparato a organizzare gli spazi in modo funzionale ed esteticamente piacevole. Hai approfondito momenti di sfida e riflessione, ma anche di gratificazione e realizzazione.

Che tu sia nella situazione di Anna, Giulia, Marco o Sara, aver riorganizzato i tuoi oggetti e la tua casa ti ha messo nella condizione ideale per affrontare il resto della tua vita con maggiore consapevolezza, scegliendo con attenzione ciò che ti circonda e dando priorità alle cose che ti portano gioia e felicità.

Ti auguro tutto il meglio!

Sull'autrice

Roberta Bianchi vive e lavora a Firenze. Attende la fine del carico lavorativo giornaliero per dedicarsi al riordino della casa e del giardino. Abbraccia le attività di decluttering e organizzazione in qualsiasi momento del giorno o della notte sia propizio, condividendo strategie e tattiche con le due figlie, ormai complici della sua perversione.

Firenze, 24 luglio 2023